DEKADENTNA UMETNOST IZDELAVE SLADKARIJ

Čarobno potovanje v 100 užitkov velikosti grižljajev

VIDA GOLOB

Avtorski material ©2023

Vse pravice pridržane

Nobenega dela te knjige ni dovoljeno uporabljati ali prenašati v kakršni koli obliki ali na kakršen koli način brez ustreznega pisnega soglasja založnika in lastnika avtorskih pravic, razen kratkih citatov, uporabljenih v recenziji. Ta knjiga se ne sme obravnavati kot nadomestilo za zdravniški, pravni ali drug strokovni nasvet.

KAZALO

KAZALO **3**
UVOD **6**
SADNI BONBONI **7**
    1. Čokoladni bonboni z jogurtom in jagodami 8
    2. Bonboni z malinovo rožnato vodo 11
    3. Jagodni bonboni 13
    4. Marelični čokoladni bonboni 16
    5. Malinovi rubinasti čokoladni bonboni 19
    6. Bonboni z malinovo limonado 21
    7. Kokosovi bonboni 24
    8. Yuzu bonboni 26
    9. Pink Lemon Ade bonboni 28
    10. Bonboni iz datljev in fig 30
    11. Bonboni z rumovimi rozinami 32
    12. Čokoladni Açaí Bonboni 35
    13. Malinovi Cheesecake Bonboni 37
    14. Pomarančni ingverjevi bonboni 39
    15. Bonboni s čokoladnim avokadom 41
    16. Bonboni z datumi 43
    17. Čokoladni češnjevi bonboni 45
    18. Oranžni bonboni 47
    19. Bonboni z jagodno limonado 50
    20. Bonboni iz citrusnih jagod 52

ZELIŠČNI BONBONI **54**
    21. Čokoladni bonboni s poprovo meto 55
    22. Rožmarin in limona Bonbon 57
    23. Matcha Bonboni 60
    24. Bonboni z baziliko bele čokolade 62
    25. Mint čokoladni bonboni 65
    26. Bonboni iz bavarske kovnice 67
    27. Bonboni s timijanom, sladkorjem Panela in medom 69
    28. Karamelni bonboni s hruško in žajbljem 72

BONBONI Z OREŠČKI **74**
    29. Bonboni iz sladkorne slive 75
    30. Bonboni s pereci iz arašidovega masla 77
    31. Čokoladni bonboni 80
    32. Bonboni Gianduja 82

33. Bonboni iz arašidovega masla 84
34. Čokoladni lešnikovi bonboni 86
35. Čokoladni bonboni z arašidovim maslom 88
36. Pomarančni in pistacijevi marcipanovi bonboni 90
37. Bon Bon s sezamom in mandlji 92
38. Espresso mandljevi bonboni 95
39. Mocha mandljevi bonboni 97
40. Bonboni s figami in orehi 99
41. Lešnikovi bonboni 101
42. Mandljevi bonboni 103
43. Bonboni iz pistacijeve vrtnice 106
44. Bonboni iz orehovega javorja 108
45. Bonboni z arašidovim maslom 110
46. Karamelni bonboni iz indijskih oreščkov 112
47. Bonboni z belimi čokoladnimi orehi makadamije 114
48. Bonboni Nanaimo 116
49. Bonboni iz pistacije marcipana 119

PIJAČNI BONBONI 121

50. Bonboni Creme de Menthe 122
51. B izcedek Karamelni bonboni 125
52. Boozy Bonbon iz arašidovega masla 128
53. Margarita Bonbon roj 130
54. Breskov Bourbon Bonbon 132
55. Češnje oblite s temno čokolado 134
56. Horchata tartuf iz bele čokolade 136
57. Bonboni s kokosovim rumom 138
58. Malinovi bonboni iz bele čokolade 140
59. Boozy Oreo bonboni 142
60. bonboni Amaretto 144
61. Bonboni Grand Marnier 147
62. Bonboni Kahlua 150
63. Praznični bonboni s pijačo 153
64. Bonboni Bourbon Pecan 155
65. Bonboni za šampanjec 157
66. Čokoladni bonboni 159

ZAČIMBENI BONBONI 161

67. Začinjeni bonboni s pralinami 162
68. Čokoladni bonboni z bučnimi začimbami 165
69. Ancho Chili Bonbon 168
70. Praznični začimbni bonbon 171
71. Ancho čili bonboni 173
72. Začinjeni čokoladni bonboni s čilijem 175
73. Kardamom Rose Bonboni 177
74. Bonboni z medenjaki 179

75. ČOKOLADNI BONBONI S PETIMI ZAČIMBAMI 181
76. ZAČINJENI POMARANČNI BONBONI 183

BONBONI S SIROM 185

77. ČOKOLADNI BONBONI CAJETA CHÈVRE 186
78. MISSION FIG CHEESECAKE BONBON RECEPT 188
79. BONBONI IZ JAGODNEGA SIRA 191
80. MALINOVI CHEESECAKE BONBONI 194
81. CITRUS CHEESECAKE BONBON 196
82. ČEŠNJEV CHEESECAKE BONBON 199
83. JAGODNI CHEESECAKE BONBON 202
84. LIMONINO BOROVNIČEV CHEESECAKE BONBONI 205

BONBONI, NAVDIHNJENI Z DESERTI 207

85. BOŽIČNI BONBONI 208
86. MARSHMALLOW BONBONI 211
87. SLANE KARAMELNE PRESTE BONBONI 213
88. SLADOLEDNE BONBONE 215
89. SLADOLEDNI SLADOLEDNI BONBONI S SLANO KARAMELO 217
90. BONBONI Z VANILIJEVIM SLADOLEDOM 219
91. KORENČKOVA TORTA BONBONI 221
92. PIŠKOTI IN KREMNI SLADOLEDNI BONBONI 223
93. S'MORES BONBONI 225
94. BONBONI ZA TORTO RED VELVET 227
95. BONBONI ZA ČOKOLADNO ESPRESSO TORTO 229
96. BONBONI ZA TORTO Z LIMONINIM MAKOM 231
97. BONBONI IZ JABOLČNE PITE 233
98. KLJUČNI BONBONI Z LIMETINO PITO 235
99. BONBONI IZ ČOKOLADNEGA TESTA ZA PIŠKOTE 237
100. OREO IN BONBONI S SIROM 239

ZAKLJUČEK 241

UVOD

Vstopite v očarljivo kraljestvo dekadentna umetnost izdelave sladkarij, kulinaričnega popotovanja, ki presega običajnost in vas vabi v svet, kjer je vsak grižljaj praznik najslajših užitkov. Ta kuharska knjiga ni le zbirka receptov; to je raziskovanje umetnosti, strasti in čiste magije, ki je del ustvarjanja teh miniaturnih mojstrovin. Ko obračate strani, ne odkrivate le, kako narediti bonbone; potopite se v zgodbo o razvajanju, ustvarjalnosti in veselju, ki ga prinaša delitev izvrstnih okusov.

Bonboni, tiste prijetne slaščice v velikosti grižljaja, so več kot le sladice; so izraz kulinarične finese in dokaz zapletenosti združevanja okusov. V dekadentna umetnost izdelave sladkarij se podajamo na potovanje, ki razkriva skrivnosti ustvarjanja teh drobnih užitkov – vsak je platno za okus, teksturo in vizualno privlačnost. Od žametnih ganachejev do nežnih školjk je vsak element bonbona skrbno premišljen, kar ustvarja izkušnjo, ki presega okus.

Uvod v to kuharsko knjigo je povabilo v svet čokoladne alkimije, kjer se preproste sestavine spremenijo v užitno umetnost. Poglabljamo se v zgodovino bonbonov, raziskujemo njihov razvoj od antičnih časov do sodobnih stvaritev in prikazujemo, kako je ta oblika umetnosti očarala srca in brbončice ljudi v različnih kulturah.

Toda poleg zgodovine in tehnike je ta uvod praznovanje veselja, ki izhaja iz dejanja ustvarjanja. Ne glede na to, ali ste izkušen čokoladar ali radoveden domači kuhar, je postopek izdelave bonbonov oblika užitne meditacije – trenutek, ko se lahko izgubite v vrtincu okusov in zadovoljstvu ob izdelavi nečesa resnično posebnega.

Torej, pripravite se, da vas bodo odpeljali v svet, kjer se dekadenca sreča z ustvarjalnostjo in kjer je vsak bonbon dokaz veselja ob uživanju sladkih trenutkov življenja. Dekadentna umetnost izdelave sladkarij ni samo kuharska knjiga; je vabilo, da zaobjamete čarobnost kulinaričnega ustvarjanja in povzdignete vsakdan v nekaj izjemnega. Ko se podajamo na to okusno potovanje, naj se dekadenca začne in naj vašo kuhinjo napolni sladka simfonija očarljivih bonbonov.

SADNI BONBONI

1. Čokoladni bonboni z jogurtom in jagodami

SESTAVINE:
MANDELJEVA PAŠTETA SABLÉ:
- 155 g hladnega masla (na kocke)
- 105 g sladkorja v prahu
- 250 g večnamenske moke
- 40 g mandljeve moke
- 1 srednje jajce
- Ščepec soli

DEKORACIJA (ČOKOLADNE ŠKOLJICE):
- Rdeče kakavovo maslo (npr. malinovo rdeče)
- Belo kakavovo maslo
- 900 g temne čokolade (kaljene)

JOGURT GANACHE:
- 295 g bele čokolade
- 110 g grškega jogurta
- 37 g masla (sobne temperature)
- 20 g liofiliziranih rdečih jagod (majhni drobtinam podobni koščki)

NAVODILA:
MANDELJEVA PAŠTETA SABLÉ:
a) V stoječem mešalniku z lopatico zmešajte hladno maslo (narezano na kocke), sladkor v prahu, moko, mandljevo moko in sol. Mešajte, dokler ne dobite konsistence krušnih drobtin.
b) Dodajte jajce in mešajte, dokler se dobro ne poveže. Ne premešajte. Če je ostalo še nekaj nepomešanih drobtin, jih ročno vgnetemo v testo.
c) Za ta recept potrebujete samo 70 g testa. Preostalo testo zavijemo v prozorno folijo in shranimo v hladilniku ali zamrzovalniku.
d) Testo razporedimo med dva pekača in ga razvaljamo na 2 mm debelo. Za vsaj eno uro postavimo v hladilnik, da se testo strdi.
e) Pečico segrejte na 165°C z ventilatorjem. Testo vzamemo iz hladilnika, odstranimo en peki papir in izrežemo 64 krogov premera 2 cm.
f) Na pekač (po možnosti naluknjan) položimo zračno podlogo. Kolute za testo položite na zračno blazino in nanje položite še eno zračno blazino. Če nimate zračnih blazin, položite testene kolute na peki papir, ne da bi jih prekrili.
g) Pečemo približno 5-10 minut oziroma do zlato rjave barve. Pekač vzamemo iz pečice in pustimo, da se ohladi. Nato odstranite diske sablé.
DEKORACIJA:

h) Približno 1 žlico predhodno obarvanega kakavovega masla dajte vsakega posebej v pokrov in jih postavite v stroj za topljenje čokolade. Nastavite temperaturo vašega stroja za topljenje čokolade na 31°C.
i) Vatirane blazinice pomočite v alkohol in zloščite modelčke.
j) Ko je kakavovo maslo popolnoma stopljeno, pobarvajte modelčke. Da dosežete učinek marmorja, s čopičem namažite madež rdečega kakavovega masla v model, nato pa uporabite belo kakavovo maslo in s čopičem zavrtite okoli robov rdečega madeža. Za vsako barvo uporabite različne čopiče. Ko se kakavovo maslo strdi po marmoriranju, namažite celoten model z belim kakavovim maslom, da zagotovite enakomerno pokritost.
k) Školjke oblikujte tako, da vdolbine v modelu napolnite s temno čokolado. Model obrnemo na glavo in iz njega izluščimo odvečno čokolado. Odvečno postrgamo iz modela in ga postavimo na stran, da počiva na sobni temperaturi in kristalizira.

ČOKOLADNI BONBONI IZ JOGURTA & JAGODIČJA:
l) Belo čokolado damo v posodo in jo v mikrovalovni pečici impulzno segrevamo, vmes mešamo, dokler se čokolada popolnoma ne stopi.
m) Dodajte maslo in mešajte, dokler ni popolnoma premešano in gladko. Pustite, da se čokolada ohladi na približno 35°C oziroma preden se ponovno začne gostiti, nato dodajte jogurt in mešajte, dokler ganache ni gladek in homogen. Prenesite v cevno vrečko.
n) Ko se ganache segreje na 30-33°C, ga nalijemo v pripravljene modele. Pustite dovolj prostora za sablé in jagode. Po vrhu potresite nekaj liofiliziranih jagod in jih zavrtite z zobotrebcem.
o) Na vrh položimo sablé piškot in ga rahlo pritisnemo v ganache, da se ganache in sablé piškot poravnata. Pustite ganache počivati, dokler ne kristalizira in postane čvrst.
p) Ponovno temperirajte odvečno temno čokolado iz kalupa. Bonbone zaprite tako, da jih napolnite s temno čokolado in postrgate odvečno. Modelčke postavimo v hladilnik in pustimo stati nekaj ur.
q) Vzamemo jih iz hladilnika, model rahlo upognemo, da se bonboni zrahljajo, nato jih odlijemo. Če so nekateri bonboni še vedno obtičali, jih postavite nazaj v hladilnik za dlje. Bonbone lahko uživate takoj po odstranitvi iz kalupa.

2. Bonboni z malinovo rožnato vodo

SESTAVINE:
ZA MALINOVO KREMO:
- 100 g svežih ali zamrznjenih malin
- 1 žlica medu
- 120 g bele čokolade
- 10 g zmehčanega masla
- 1,5 žličke balzamičnega kisa
- 3 žličke rožne vode
- 30 ml težke smetane

ZA ŠKOLJKO:
- 200 g 65% temne čokolade
- 1% kakavovo maslo v prahu

NAVODILA:
a) Maline odmrznemo na sobni temperaturi in jih pretlačimo z vilicami. Pretlačene maline pretlačimo skozi cedilo, da odstranimo semena in dobimo malinov pire.
b) V ponvi zmešajte malinov pire in med. Na majhnem ognju segrevajte, dokler se ne zgosti v malinov sirup. Pustite, da se ohladi, nato dodajte balzamični kis in rožno vodo.
c) Močno smetano segrevajte, da skoraj zavre, nato jo odstavite z ognja in ji dodajte belo čokolado. Mešajte do gladkega. Pri 35°C dodamo zmehčano maslo in mešamo, dokler se popolnoma ne premeša. Na koncu dodamo še malinov pire in dobro premešamo.
d) Temperirajte temno čokolado in pripravite čokoladne lupine. Za pet minut jih postavimo v hladilnik, da se strdijo.
e) Malinovo kremo nadevamo v lupine, pustimo prostor za tesnjenje in jih vrnemo v hladilnik še za 15 minut.
f) Bonbone zapremo s temperirano čokolado.
g) Po pol ure v hladilniku gotove bonbone vzemite iz modela.

3.Jagodni bonboni

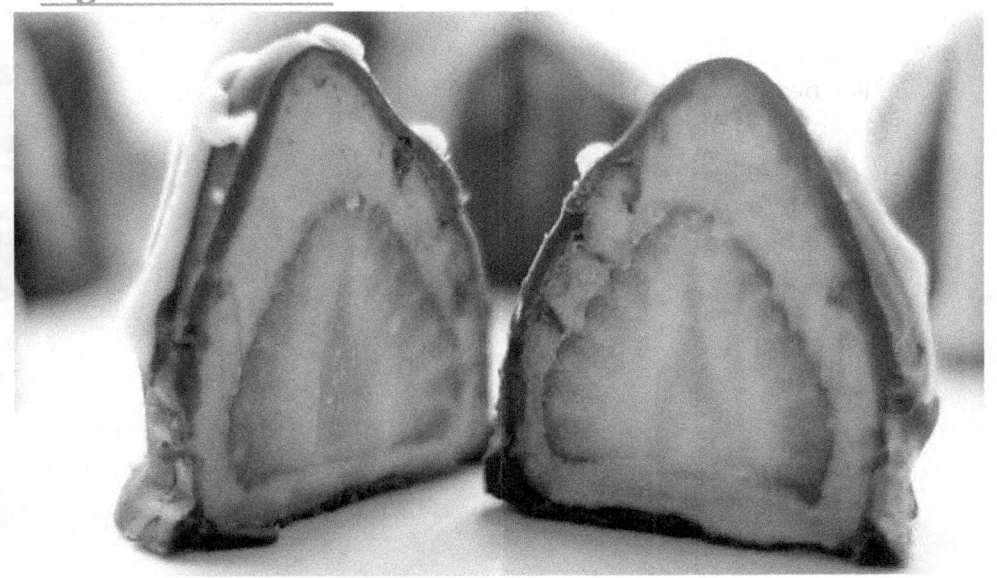

SESTAVINE:
- 1 pločevinka (14 oz) sladkanega kondenziranega mleka (brez evaporacije)
- 1 žlica nesoljenega masla
- 1/4 skodelice nesladkanega kokosa
- 12 do 16 majhnih jagod
- 1 ploščica (8 oz) temne čokolade za pečenje
- 2 1/2 oz bele čokolade za peko ali kvadrat

NAVODILA:
a) Krožnik namažemo z neslanim maslom. Postavite ga na stran.
b) V 4-litrski težki ponvi s premazom proti prijemanju segrevajte sladkano kondenzirano mleko, 1 žlico nesoljenega masla in kokos, dokler ne začne vreti. Neprestano mešajte z leseno kuhalnico.
c) Zmanjšajte ogenj na srednje nizko in nadaljujte s kuhanjem med nenehnim mešanjem 10 do 15 minut oziroma dokler zmes ne postane gosta, sijoča in se začne odmikati od dna in stranic posode. Vedeli boste, da je pripravljeno, ko nagnete ponev in zmes zlahka zdrsne navzdol.
d) Zmes preložimo na pomaščen krožnik.
e) Postavite v hladilnik ali zamrzovalnik, dokler zmes ne postane zelo mrzla.
f) Medtem oplaknite jagode in jim odstranite peclje. Jagode temeljito osušite s krpo ali papirnatimi brisačkami. Pred izdelavo bonbonov morajo biti popolnoma suhi.
g) Roke namažite z neslanim maslom. Zajemite izdatno jedilno žlico hladne kokosove mešanice in jo sploščite v dlani. Čez položimo jagodo in okoli ovijemo kokosovo mešanico, da se prilagodi obliki jagode. Ta postopek ponovite, da porabite kokosovo mešanico. Pokrite jagode postavimo v zamrzovalnik za 15 minut.
h) Medtem uporabite parni kotel ali mikrovalovno pečico, da stopite temno čokolado. Pekač za piškote pokrijte s peki papirjem ali povoščenim papirjem.
i) Z vilico za namakanje eno za drugo prekrite jagode spustite v stopljeno temno čokolado. Dobro jih premažemo s čokolado in nato odstranimo z vilico. Z vilicami nekajkrat potrkajte ob skledo, da odstranite odvečno čokolado. Položite jih nazaj na piškotni list, z ravno stranjo navzdol. Hladite, dokler se čokolada ne strdi.
j) Za topljenje bele čokolade uporabite parni kotel ali mikrovalovno pečico. Stopljeno belo čokolado dajte v vrečko za zamrzovanje in odrežite konico, da čokolado pokapate po bonbonih. Druga možnost je, da stopljeno belo čokolado daste v stiskalno steklenico za prelivanje. Hladite, dokler se čokolada ne strdi.
k) Če jih želite podariti, jih položite v darilne škatle za hrano in okrasite po želji.
l) Bonbone shranite v hladilniku in postrezite v 24 urah.

4. Marelični čokoladni bonboni

SESTAVINE:
DEKORACIJA:
- 40 g temperiranega pomarančnega kakavovega masla
- 40 g temperiranega svetlejšega oranžnega kakavovega masla
- 40 g temperiranega belega kakavovega masla
- 1 žlica temperiranega črnega kakavovega masla

MARELIČNI KONFIT:
- 420g marelične kaše (10% sladkorja)
- 48 g sladkorja
- 4 žličke limoninega soka
- 9 g pektina nh

GANACHE IZ TEMNE ČOKOLADE:
- 130 g temne čokolade
- 70 g težke smetane

ČOKOLADNE SKOPICE:
- 800 g temperirane temne čokolade

ZAHTEVE GLEDE MATERIALOV:
- 2 polikarbonatna modela za čokolado (CW2295)
- Strgalo
- 2 cevni vrečki
- Čisti alkohol (vsaj 94%)
- Bombažne blazinice
- Termometer (po možnosti laserski)
- 2 čopiča
- Pršilna pištola in kompresor (izbirno) ali 2 široki krtači

NAVODILA:
DEKORACIJA:
a) Z vatiranimi blazinicami polirajte kalupe z alkoholom.
b) Vzemite čopič, ga pomočite v temperirano belo kakavovo maslo in ga poškropite po kalupu tako, da po čopiču potrkate z razdalje približno 10 cm.
c) Ponovite prejšnji korak s črnim kakavovim maslom.
d) Dodajte pomarančno kakavovo maslo v brizgalno pištolo in popršite eno stran. Pred uporabo svetlejšega oranžnega kakavovega masla očistite brizgalno pištolo, saj bo postalo temnejše, če ga ne očistite.
e) Preostanek modela poškropite s svetlejšo oranžno barvo.

f) Notranjost brizgalne pištole grobo očistite s papirnato brisačo in dodajte belo kakavovo maslo. Vse vdolbine premažite z belim kakavovim maslom, da temna čokolada ne bo prosojna.
g) Očistite površino kalupa med vsakim korakom barvanja. Če nimate brizgalne pištole, uporabite čopiče za barvanje votlin.

MARELIČNI KONFIT:
h) Sladkor in pektin dajte v majhno skledo in mešajte, dokler se pektin enakomerno ne porazdeli po sladkorju.
i) V ponev dodamo marelično kašo in jo segrejemo na približno 40°C.
j) V pire med nenehnim mešanjem stresemo sladkorno-pektinsko mešanico.
k) Pire zavremo in pustimo vreti približno 2 minuti.
l) Odstavite z ognja in dodajte limonin sok.
m) Confit prenesite v skledo in ga pokrijte s prozorno folijo, ki se dotika površine.
n) Ko je confit na sobni temperaturi, ga emulgirajte s paličnim mešalnikom in prenesite v vrečko za cev.

GANACHE IZ TEMNE ČOKOLADE:
o) Čokolado in smetano damo v skledo in ju v impulzih stopimo v mikrovalovni pečici, vmes mešamo.
p) Ganache emulgirajte s paličnim mešalnikom in pustite, da se ohladi na približno 35°C.
q) Ganache prenesite v cevno vrečko.

ČOKOLADNE ŠKOLJICE IN SESTAVLJANJE:
r) Prepričajte se, da je kakavovo maslo popolnoma kristaliziralo. To običajno ne traja dolgo.
s) Modelčke vlijemo s temperirano temno čokolado in pustimo, da čokolada kristalizira.
t) V vdolbinice nadevajte marelični konfit in ga enakomerno porazdelite med vse bonbone.
u) Nanesite ganache iz temne čokolade in pustite majhno vrzel od vrha za zapiranje.
v) Pustite kalupe na sobni temperaturi, dokler se ganache ne strdi.
w) Bonbone zapremo s preostankom temperirane temne čokolade in postavimo v hladilnik.
x) Ko je čokolada kristalizirana, bonbone potresemo iz modelčkov.

5. Malinovi rubinasti čokoladni bonboni

SESTAVINE:
- 150 g bele čokolade Callebaut Callets
- 50 g čokolade Callebaut Ruby
- 2 g (1 čajna žlička) kakavovega masla v prahu (za temperiranje čokolade, po želji)
- 15 liofiliziranih malin

NAVODILA:
a) Očistite svoj kalup Silikomart Choco Flame, da odstranite morebitne ostanke.
b) Obe čokoladi raztopimo in temperiramo. Za merjenje temperature čokolade med temperiranjem uporabite termometer, na primer infrardečo termometrsko pištolo.
c) Za temperiranje: Stopite čokolado na 45 °C (113 °F), nato jo pustite, da se pri sobni temperaturi ohladi na 32 °C (89,6 °F). Svoji stopljeni čokoladi dodajte 1 % kakavovega masla v prahu, kar je 2 g (1 čajna žlička) za določeno količino čokolade. Uporabite lahko katero koli kakavovo maslo v prahu, ki ga imate. Kakavovo maslo v prahu dobro zmešajte s čokolado.
d) Druga možnost je, da za kaljenje uporabite metodo sejanja. Za več nasvetov o temperiranju čokolade glejte zgornje nasvete.
e) Obe čokoladi vlijemo v model, tako da v vsako vdolbino položimo eno liofilizirano malino.
f) S kalupom nekajkrat previdno potrkajte po kuhinjskem pultu, da sprostite morebitne majhne zračne mehurčke.
g) Zgladite vrh čokoladnih bonbonov z lopatico.
h) Pustite, da se čokolada strdi na sobni temperaturi 30-60 minut, v hladilniku 15-30 minut ali v zamrzovalniku 5-10 minut.
i) Če je čokolada pravilno temperirana, je treba bonbone zlahka odstraniti iz modela.

6.Bonboni z malinovo limonado

SESTAVINE:
ZA NADEV:
- 150 g bele čokolade
- 25 g nesoljenega masla
- 2 žlici malinovega pireja
- Lupina ene limone
- 1/2 žličke limoninega soka

ZA ČOKOLADNI PRELIV:
- 200 g bele čokolade, za namakanje
- Roza barvilo za hrano (neobvezno)
- Rumena jedilna barva (neobvezno)

ZA OKRAS:
- Limonina lupina
- Sveže maline

NAVODILA:
IZDELAVA NADEVA:
a) V toplotno odporni skledi zmešajte belo čokolado in nesoljeno maslo. Zmes stopite v mikrovalovni pečici v 20-sekundnih intervalih in vmes mešajte, dokler ni gladka.
b) Vmešajte malinov pire, limonino lupinico in limonin sok, dokler se dobro ne povežejo.
c) Pustite, da se zmes nekoliko ohladi, nato pa jo prenesite v vrečko.
d) Malinov limonadni nadev vlijemo v silikonski model za bonbone, tako da vsako vdolbino napolnimo do vrha. Potrkajte po kalupu, da odstranite vse zračne mehurčke.
e) Model postavite v hladilnik in pustite, da se bonboni strdijo vsaj 2 uri.
IZDELAVA ČOKOLADNEGA OBLIVA:
f) Belo čokolado za namakanje raztopite v posodi, primerni za mikrovalovno pečico, v 20-sekundnih intervalih in mešajte, dokler ne postane gladka. Po želji dodajte nekaj kapljic roza in rumene jedilne barve, da dosežete nežno rožnato barvo.
SESTAVLJANJE:
g) Odstranite bonbone iz silikonskega modela in jih položite na rešetko s pladnjem ali pergamentnim papirjem pod njim, da ujamete morebitne kapljice.
h) Stopljeno čokolado enakomerno prelijemo čez vsak bonbon, tako da zagotovimo popolno pokritost.
i) Z lopatico zgladite čokolado in odstranite odvečno maso.
j) Bonbone okrasite z limonino lupinico in na vsakega položite svežo malino.
k) Pustite, da se čokoladni obliv strdi približno 15 minut na sobni temperaturi, lahko pa bonbone postavite v hladilnik, da pospešite postopek.
l) Ko je premaz strjen, prenesite bonbone na servirni krožnik ali škatlo.

7.Kokosovi bonboni

SESTAVINE:
- 15 unč sladkanega kondenziranega mleka
- ½ skodelice masla ali margarine
- 2 skodelici slaščičarskega sladkorja
- 12 unč naribanega posušenega kokosa
- 24 unč polsladke čokolade
- 4 žlice masti

NAVODILA:
a) Zmešajte kondenzirano mleko, maslo, sladkor in kokos. Pokrijte z voščenim papirjem in ohladite 24 ur.
b) Stopite čokolado z maslom. Kokosovo mešanico razvaljamo v kroglice in jih z vilicami pomočimo v čokolado.
c) Spustite na voščen papir, da se ohladi in posuši.

8.Yuzu bonboni

SESTAVINE:
- 1 skodelica maslo
- ⅓ skodelice Slaščičarski sladkor
- ¾ skodelice Koruzni škrob
- 1¼ skodelice Presejana večnamenska moka
- ½ skodelice Pekani , drobno narezani

BON BON GLADNICA :
- 1 čajna žlička maslo
- 2 žlici yuzu soka

NAVODILA:
a) Maslo zmešajte s sladkorjem, dokler ni zelo rahlo in puhasto.
b) Dodajte koruzni škrob in moko ter dobro premešajte. Hladimo, dokler ni enostavno rokovati.
c) Pečico segrejte na 350 stopinj. Testo oblikujte v 1-palčne kroglice.
d) Postavite kroglice na orehe in jih raztresite po povoščenem papirju.
e) Poravnajte z dnom kozarca, pomočenega v moko.
f) Z lopatko polagajte piškote na nenamaščen pekač s stranjo z orehi navzgor.
g) Pečemo 15 minut. Kul.
h) Mraz z Bon Bon Frosting.

BON BON GLADNICA :
i) Zmešajte maslo in sok yuzu do gladkega.
j) Na vsak piškotek zavrtite glazuro.

9.Pink Lemon Ade bonboni

SESTAVINE:
- 1 skodelica maslo
- ⅓ skodelice Slaščičarski sladkor
- ¾ skodelice Koruzni škrob
- 1¼ skodelice Presejana večnamenska moka
- ½ skodelice Pekani , drobno sesekljani

BON BON GLADNICA :
- 1 čajna žlička maslo
- 2 žlici Limonina ada
- 1 roza jedilna barva

NAVODILA:
k)   Maslo zmešajte s sladkorjem, dokler ni zelo rahlo in puhasto.
l)   Dodajte koruzni škrob in moko ter dobro premešajte. Hladimo, dokler ni enostavno rokovati.
m)   Pečico segrejte na 350 stopinj. Testo oblikujte v 1-palčne kroglice.
n)   Postavite kroglice na orehe in jih raztresite po povoščenem papirju.
o)   Poravnajte z dnom kozarca, pomočenega v moko.
p)   Z lopatko polagajte piškote na nenamaščen pekač s stranjo z orehi navzgor.
q)   Pečemo 15 minut. Kul.
r)   Mraz z Bon Bon Frosting.

BON BON GLADNICA :
s)   Zmešajte maslo, jedilno barvo in limonino sladico do gladkega.
t)   Na vsak piškotek zavrtite glazuro.

10. Bonboni iz datljev in fig

SESTAVINE:
ZA NADEV:
- 200 g datljev
- 200 g suhih fig
- 1-2 žlici vode (po potrebi)

ZA ŠKOLJKO:
- 200 g 65% temne čokolade
- 2 g (1%) kakavovega masla v prahu

NAVODILA:
PRIPRAVITE NADEV:
a) Datljem odstranimo pečke in jih grobo nasekljamo.
b) Suhe fige narežemo na majhne koščke.
c) Če je zmes presuha, da bi jo zlahka oblikovali v bonbone, dodajte 1-2 žlici vode, da bo bolj prožna.
d) Datlje in fige zmešajte v kuhinjskem robotu, dokler ne dobite lepljive paste.
e) Zajemajte majhne porcije paste iz datljev in fig ter jih razvaljajte v majhne kroglice ali druge želene oblike.
f) Oblikovane nadeve položite na pekač, obložen s peki papirjem, in jih za približno 30 minut postavite v hladilnik, da se strdijo.

PRIPRAVITE ČOKOLADNO ŠKOLJKO:
g) 200 g 65% temne čokolade stopite na pari ali v mikrovalovni pečici v 20-30 sekundnih intervalih in vmes mešajte.
h) Ko se čokolada stopi, vmešajte 2 g (1 %) kakavovega masla v prahu, dokler ni popolnoma premešano. To bo pripomoglo k lepemu sijaju čokoladne lupine in izboljšalo njeno teksturo.

NAVEDITE NADEV:
i) Ohlajen nadev iz datljev in fig vzamemo iz hladilnika.
j) Z vilicami ali orodjem za pomakanje bonbonov potopite vsak kos nadeva v čokoladno mešanico in se prepričajte, da je v celoti prevlečen.
k) Pustite, da odvečna čokolada odteče nazaj v skledo.
l) Obložene bonbone položite nazaj na pekač, obložen s pergamentnim papirjem.
m) Pustite jih strjevati na sobni temperaturi ali v hladilniku. Čokolada se bo strdila, ko se ohladi.
n) Ko se čokoladna lupina popolnoma strdi, so vaši bonboni iz datljev in fig pripravljeni za uživanje.
o) Lahko jih shranite v nepredušni posodi na hladnem.

11.Bonboni z rumovimi rozinami

SESTAVINE:
ROZINE NAMOČENE V RUMU:
- 100 g naravnih zelenih rozin
- Temni rum – toliko, da prekrije rozine

RUM GANACHE:
- 50 g temne čokolade (68% kakavove mase)
- 25 g temne čokolade (50% kakavove mase)
- 50 g smetane za stepanje
- 5 ml temnega ruma (jaz uporabljam Myer's Rum)

ČOKOLADNA LUPINA:
- 200 g temne čokolade (50% kakavove mase), drobno narezane

NAVODILA:
PRIPRAVITE ROZINE NAMOČENE V RUMU:
a) Zelene rozine damo v manjšo skodelico in jih prelijemo s toliko temnega ruma, da so rozine povsem prekrite.
b) Rozine naj se namakajo vsaj 12 ur ali čez noč.

NAREDITE RUM GANACHE:
c) Smetano za stepanje na majhnem ognju zavremo, nato jo odstavimo z ognja.
d) V ponev dodajte temno čokolado in mešajte, dokler se popolnoma ne stopi.
e) Prilijemo temen rum in nadaljujemo z mešanjem.
f) Pustite, da se zmes za ganache ohladi na sobno temperaturo, nato pa jo prenesite v vrečko.

KALJENJE ČOKOLADE ZA LUPINO:
g) Zavrite posodo z vodo in pustite, da se ohladi na 60-65 °C.
h) V skledo dajte 140 g drobno narezane temne čokolade in jo postavite nad vročo vodo, tako da se voda ne dotika posode.
i) Mešamo toliko časa, da se čokolada povsem stopi in doseže temperaturo 40°C.
j) Odstranite posodo iz vroče vode in dodajte 60 g preostale temne čokolade, po malem in mešajte, dokler se vsa čokolada ne stopi. Temperatura naj bo približno 28°C. Če se čokolada ne stopi povsem, si lahko pomagate s sušilcem za lase.
k) Posodo postavimo nazaj nad ponev z vročo vodo in mešamo, dokler temperatura ne doseže 31°C. Čokolado hranimo pri tej temperaturi; zdaj je pripravljen za uporabo.

USTVARJANJE ČOKOLADNIH ŠKOLJIC:
l)   Temperirano čokolado vlijemo v modelčke za bonbone in pazimo, da prekrije vse vdolbine.
m) Nežno potrkajte po kalupu, da sprostite morebitne ujete zračne mehurčke.
n)   Model obrnemo na glavo, da odvečna čokolada odteče.
o)   Pustimo, da se čokolada ohladi, kar pospešimo tako, da model za približno 20 minut postavimo v hladilnik.
SESTAVITE BONBONE:
p)   Ko se čokoladne lupine strdijo, v lupine vlijemo Rum ganache.
q)   Čez ganache položite eno ali dve namočeni rozini.
r)   Čez rozine nanesite plast ganacheja.
s)   Pokrijte z drugo plastjo temperirane čokolade.
t)   Pustite, da se bonboni ohladijo in strdijo (za ta korak lahko uporabite tudi hladilnik).
u)   Nežno potisnite model, da sprostite čokoladne bonbone.

12.Čokoladni Açaí Bonboni

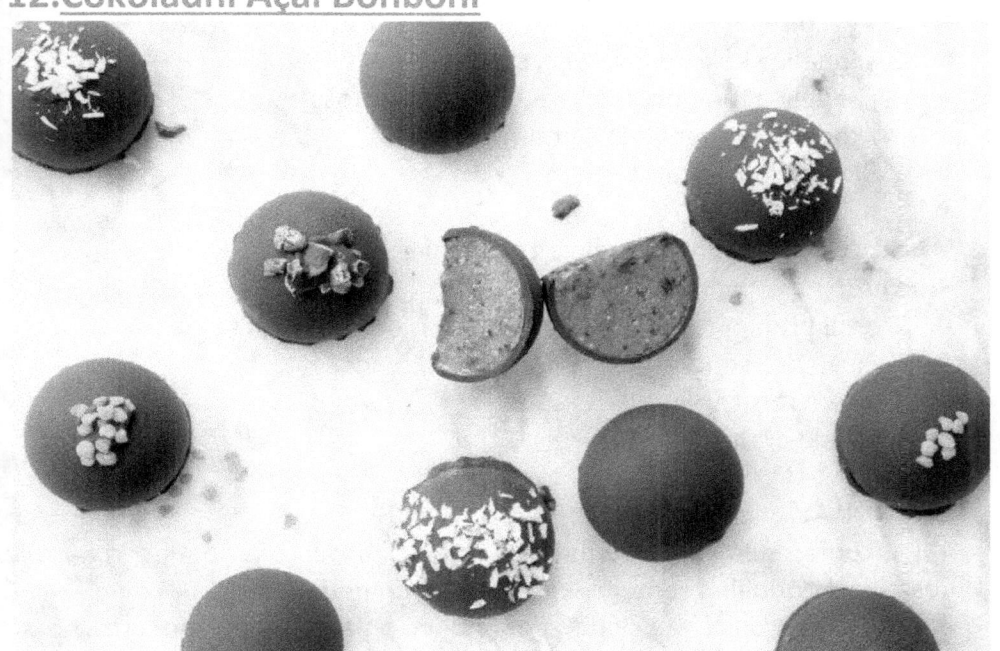

SESTAVINE:
- ½ Açaí pireja
- ¼ skodelice kokosovega olja, stopljenega
- ½ skodelice Medjool Datljem odstranimo koščice
- ¼ skodelice konopljinih semen
- 2 žlici kakava v prahu
- 2 žlici medu
- Ščepec čokoladnega preliva za zvijanje

PRELIVI:
- Cvetni prah
- Kokosovi kosmiči
- Kakavovi zrnca
- Kajenski prah

NAVODILA:
a) V kuhinjskem robotu zmešajte açaí, kokosovo olje, datlje, kokosove kosmiče, konopljina semena, kakav v prahu, med in sol.
b) Mešanico dajte v skledo, pokrijte in ohladite vsaj eno uro. Ko se mešanica strdi, iz nje izdolbite kroglice v velikosti čajne žličke. Vsako kroglico povaljajte v čokoladnem prelivu. Prepričajte se, da so popolnoma prekrite, nato pa jih postavite na stran, da se strdijo.
c) Preden se čokolada popolnoma strdi, jo poškropite s svojimi prelivi.

13. Malinovi Cheesecake Bonboni

SESTAVINE:
- 2 žlici težke smetane
- 8 unč kremnega sira, zmehčanega
- ½ skodelice v prahu
- Ščepec morske soli
- 1 čajna žlička vanilijeve stevije
- 1 ½ čajne žličke izvlečka maline
- 2-3 kapljice naravne rdeče jedilne barve
- ¼ skodelice kokosovega olja, stopljenega
- 1 ½ skodelice čokoladnega čipsa, brez sladkorja

NAVODILA:
a) Za začetek z mešalnikom temeljito zmešaj svoj ovinek in kremni sir, dokler ne postane kremasto.
b) V veliki posodi za mešanje zmešajte smetano, izvleček malin, stevijo, sol in jedilno barvilo.
c) Prepričajte se, da je vse dobro združeno.
d) Dodajte kokosovo olje in močno mešajte, dokler se vse dobro ne premeša.
e) Ne pozabite strgati po stenah posode tako pogosto, kot je potrebno. Pustite eno uro v hladilniku. Testo vlijemo v zajemalko za piškote s premerom približno ¼ palca in nato na pekač, ki smo ga pripravili s pergamentnim papirjem.
f) Zamrznite to mešanico za eno uro, nato pa jo premažite s stopljeno čokolado, da jo dokončate! Pred serviranjem ga je treba še za eno uro postaviti v hladilnik, da se strdi.

14. Pomarančni ingverjevi bonboni

SESTAVINE:
- 8 unč temne čokolade, drobno sesekljane
- ½ skodelice težke smetane
- 2 žlici nesoljenega masla, pri sobni temperaturi
- Lupina 1 pomaranče
- ½ čajne žličke mletega ingverja
- Granulirani sladkor ali pomarančna lupina za premaz

NAVODILA:
a) Narezano temno čokolado dajte v toplotno odporno skledo.
b) V majhni kozici na srednjem ognju segrevajte smetano, dokler ne začne vreti. Odstranite z ognja.
c) Vročo smetano prelijemo čez narezano čokolado in pustimo stati 1-2 minuti.
d) Zmes nežno mešajte, dokler se čokolada popolnoma ne stopi in postane gladka.
e) Dodajte maslo, pomarančno lupinico in mleti ingver. Mešajte, dokler ni popolnoma vključena.
f) Skledo pokrijte s plastično folijo in postavite v hladilnik za vsaj 2 uri ali dokler se ne strdi.
g) S čajno žličko ali majhno zajemalko razdelite ganache in ga razvaljajte v kroglice.
h) Bonbone povaljajte v granuliranem sladkorju ali dodatni pomarančni lupinici za premaz.
i) Bonbone do serviranja shranite v hladilniku.

15. Bonboni s čokoladnim avokadom

SESTAVINE:
- 1 čajna žlička ekstrakta vanilije, brez sladkorja
- 3 ½ unč temne čokolade
- 1 avokado, brez koščic in olupljen
- ¼ skodelice kokosovega masla
- ½ čajne žličke cimeta
- 2 žlici kakava v prahu
- Morska sol po okusu
- Stevia po okusu

NAVODILA:
a) Za začetek pripravite parni kotel, da stopite temno čokolado, nato pa pripravite kuhinjski robot, da jo predelate. V kuhinjskem robotu zmešajte avokado, kokosovo maslo, cimet, vanilijevo esenco, stevijo in morsko sol, dokler se dobro ne povežejo. Pulzirajte, dokler zmes ni gladka.
b) Počasi prilivamo stopljeno čokolado in dobro premešamo.
c) To mešanico pustite eno uro počivati v hladilniku. Izdolbite deset kroglic in jih povaljajte v kakavu v prahu, da jih dobro prekrijete.
d) Pustite, da se vaše kroglice ohladijo petnajst minut v hladilniku, preden jih predstavite svojim gostom.

16. Bonboni z datumi

SESTAVINE:
- 10 datljev, posušenih in izkoščičenih
- 2 čajni žlički ashwagandhe v prahu
- ½ skodelice temne ali polsladke čokolade
- 1 čajna žlička kokosovega olja, rafiniranega
- Morska sol in sezamova semena za preliv

NAVODILA:

a) Z mešalnikom ali kuhinjskim robotom zmešajte datlje in ašvagando v pasto.

b) Razvaljajte v majhne kroglice. Če je preveč lepljiv za oblikovanje, ga ohladite 10 minut.

c) Medtem v majhni ponvi na zmernem ognju segrejte čokoladne koščke in kokosovo olje. Pogosto premešajte.

d) Datljeve kroglice potopite v čokolado, da jih premažete, in jih rešite z žlico.

e) Položite na pekač, obložen s pergamentnim papirjem, in potresite z morsko soljo in sezamovimi semeni.

f) Ohladite ali zamrznite, da se čokolada ohladi in strdi.

17.Čokoladni češnjevi bonboni

SESTAVINE:
- 14 unč temne čokolade, zlomljene na majhne koščke
- ¾ skodelice težke smetane
- ½ skodelice posušenih češenj, drobno sesekljanih
- 2 žlici balzamičnega kisa
- Ščepec soli
- ½ skodelice kakava v prahu

NAVODILA:
a) V srednji ponvi stopite čokolado in smetano na zmernem ognju, dokler ne postane gladka, ob stalnem mešanju.
b) Vmešajte češnje, kis in sol; dobro premešaj.
c) Čokoladno zmes vlijemo v pekač velikosti 8 x 8 palcev in postavimo v hladilnik za približno 2 uri ali dokler se ne strdi.
d) V skledo dajte kakav v prahu.
e) Z lopatico za melono ali trdno merilno žlico zajemite 1 žlico čokoladne mešanice.
f) Med dlanmi razvaljajte v gladko kroglo; čokolada bo umazana.
g) Postavite v kakav v prahu in razvaljajte kroglico, dokler ni enakomerno prevlečena; ponavljajte, dokler ne porabite vse čokoladne mešanice.
h) Bonbone ohladite, dokler niso pripravljeni za serviranje.

18. Oranžni bonboni

SESTAVINE:
- 16 unč temne čokolade
- 1 skodelica težke smetane za stepanje
- 1 pomaranča
- 1 skodelica kakava v prahu

NAVODILA:
a) Čokolado nasekljajte ročno ali v kuhinjskem robotu. Potrebna je enotna velikost. Prizadevajte si za velikost, ki je manjša od zrna graha, a večja od prahu.
b) Pazite, da se čokolada ne stopi. Ko je čokolada sesekljana, jo prenesite v srednje veliko stekleno posodo za mešanje.
c) V mikrovalovni pečici 30 sekund segrevajte na nizki moči, da se posoda segreje in se čokolada nekoliko zmehča.
d) V 16-unčni stekleni merilni skodelici previdno zavrite smetano v mikrovalovni pečici.
e) Ko smetana začne vreti, se bo hitro povzpela po stenah, zato po prvi minuti preverite vsakih 15 sekund.
f) Vročo smetano naenkrat hitro, a previdno prelijemo čez čokolado. S palčko za mešanje potopite poljubne čokoladne kupčke v smetano.
g) Počakajte polno minuto, da se čokolada začne topiti, preden začnete z naslednjim korakom.
h) Ustvarite emulzijo tako, da z mešalno palico v majhnih, a hitrih krogih mešajte le na sredini sklede, dokler ni ganache videti sijoč in temen. Ko nastane emulzija, lahko postopoma mešamo v vse večje kroge, dokler ni cela skleda združena. Celoten postopek naj ne traja več kot 2 minuti.
i) Ganache ima lahko še vedno nekaj koščkov čvrste čokolade.
j) Te lahko previdno stopite s segrevanjem v mikrovalovni pečici za največ 8 sekund naenkrat.
k) Mešajte vsaj 1 minuto, preden po potrebi ponovno segrejete. Pazimo, da ganache ne pregrejemo. To bi lahko povzročilo razpad emulzije in ločitev maščobe, kar bi uničilo bonbone.
l) Pomarančo olupimo nad skledo, da zajamemo čim več pomarančnega olja. Pazite, da lupine ne pregloboko, saj je sredica lahko zelo grenka. Vmešajte lupino.
m) Pergamentni kornet do polovice napolnite z ganachejem in na dnu korneta izrežite ¼-palčno odprtino. Ganache nanesite na pergamentni papir v majhne kocke v velikosti Hershey Kiss. Pustite, da se strdi, po potrebi v hladilniku, 10 minut.

n) Z rokavicami hitro zmečkajte kupčke v grobo obliko krogle in jih pustite počivati na pergamentnem papirju.

o) Za vsak tartuf ne porabite več kot 2 do 3 sekunde, sicer se lahko zaradi toplote vaših rok preveč stopi. Če imate vroče roke, uporabite dvojne rokavice in delajte še hitreje. Ko so vsi bonboni približno oblikovani v kroglico, jih hitro povaljajte med dlanmi, da naredite bolj okrogle bonbone.

p) Z žlico premažite bonbone tako, da jih povaljate v plitvi skledi ali krožniku kakava v prahu.

q) Shranjujte v npredušni posodi v hladilniku do 3 dni

19. Bonboni z jagodno limonado

SESTAVINE:
- 26 unč bele čokolade, razdeljeno
- 6 žlic masla
- 1 žlica limonine lupinice
- 1 čajna žlička limoninega soka
- ⅛ čajne žličke vinske kisline Ščepec soli
- 2 žlici jagodnih konzerv

NAVODILA:
a) Umirite vso belo čokolado z metodo tukaj in preverite, ali imate dobro voljo, tako da malo čokolade razmažete po pultu.
b) To je treba nastaviti v 2 minutah. Odložite 16 unč.
c) Maslo zmehčajte v mikrovalovni pečici in ga nato gnetite v blazino iz pergamentnega papirja (glejte tukaj), dokler se maslo ne segreje in dobi konsistenco kreme za obraz.
d) Maslo vmešajte v 10 unč temperirane čokolade, dokler ni zmes dobro združena in videti svilnato.
e) Dodajte preostale sestavine in dobro premešajte.
f) Ganache razporedite v 1-palčne kvadratne kalupe.
g) Pustite na pultu ali postavite v hladilnik za 20 minut, da se strdi.
h) Pripravljeni so za namakanje, ko pride ganache čist iz modela.
i) Bonbone pomočite v preostalih 16 unč temperirane bele čokolade z dvokrakimi vilicami.
j) Okrasite tako, da na vrh vsakega tartufa položite rožnato-rumeno kakavovo maslo, preden potopite naslednjega.
k) Pustite strjevati na hladnem 10 do 20 minut, preden odstranite folijo za prenos.
l) Shranjujte do 3 tedne pri sobni temperaturi v temnem prostoru, stran od vonjav in toplote.

20.Bonboni iz citrusnih jagod

SESTAVINE:
- 1 skodelica bele čokolade, drobno sesekljane
- Lupina 1 pomaranče
- Lupina 1 limone
- ½ skodelice težke smetane
- 1 žlica pomarančnega soka
- 1 žlica limoninega soka
- ½ skodelice mešanih jagod, drobno sesekljanih
- ¼ skodelice sladkorja v prahu
- ¼ skodelice nesladkanega naribanega kokosa (neobvezno, za premaz)

NAVODILA:
a) Belo čokolado dajte v toplotno odporno skledo.
b) V majhni kozici na zmernem ognju segrevajte smetano, dokler ne začne vreti. Odstranite z ognja.
c) Vročo smetano prelijemo čez nasekljano belo čokolado in pustimo stati minuto.
d) Zmes mešamo, dokler se čokolada popolnoma ne stopi in postane gladka.
e) Čokoladni mešanici dodajte pomarančno lupinico, limonino lupinico, pomarančni sok, limonin sok, mešane jagode in sladkor v prahu. Mešajte, dokler se dobro ne poveže.
f) Skledo pokrijemo s plastično folijo in postavimo v hladilnik za približno 2 uri oziroma dokler zmes ni čvrsta.
g) Z žličkami zajemamo ohlajeno zmes in zvaljamo majhne kroglice.
h) Neobvezno: Bonbone povaljajte v nesladkanem nastrganem kokosu, da se enakomerno prekrijejo.
i) Bonbone postavite v nepredušno posodo in ohladite, dokler jih ne postrežete.

ZELIŠČNI BONBONI

21. Čokoladni bonboni s poprovo meto

SESTAVINE:
- 1 skodelica polsladkih čokoladnih koščkov
- 1/3 skodelice masla ali margarine
- 1/4 skodelice smetane za stepanje
- 1 skodelica nepresejanega sladkorja v prahu
- 1/4 čajne žličke izvlečka poprove mete

NAVODILA:
a) V težki ponvi zmešajte koščke polsladke čokolade, maslo (ali margarino) in smetano za stepanje.
b) Ponev postavite na zelo majhen ogenj in neprestano mešajte, dokler se čokoladni koščki in maslo ne stopijo ter zmes postane gladka in gosta. Bodite previdni, da se ne pregrejete. Ko je vse dobro premešano, ponev odstavimo z ognja.
c) Stepajte nepresejan sladkor v prahu, dokler zmes ne postane gladka in dobro zmešana.
d) Vmešajte izvleček poprove mete in mešanici dodajte prijeten okus po meti.
e) Mešanico pokrijte in jo ohladite v hladilniku za 1 do 2 uri ali dokler ne postane dovolj gosta, da jo lahko oblikujete ali padete v majhne skodelice za sladkarije.
f) Ko se zmes ohladi in zgosti, jo razdelite na 24 delov.
g) Spustite porcije v papirnate bonbon skodelice za preprosto in privlačno predstavitev.
h) Druga možnost je, da vsak del razvaljate v majhne kroglice, preden jih položite v skodelice za sladkarije.

22.Rožmarin in limona Bonbon

SESTAVINE:
GELIFICIRAN LIMONIN NADEV S SANSHO:
- 1 skodelica vode
- 1/2 skodelice limoninega soka
- 1 žlica rumenega pektina
- 1/2 skodelice granuliranega sladkorja
- 1/2 skodelice glukoznega sirupa
- 1 skodelica granuliranega sladkorja (dodatno)
- 1 čajna žlička raztopine citronske kisline
- 1 žlička drobno naribane limonine lupinice
- 1/2 žličke sansho v prahu

SVEŽI ROŽMARIN IN ESMERALDA GANACHE:
- 1 skodelica rožmarinove infuzije (45 g svežega rožmarina, potopljenega v 500 g vroče vode)
- 1/2 žličke mleka v prahu
- 1/4 skodelice invertnega sladkorja
- 1/6 skodelice glukoznega sirupa
- 1/5 skodelice dekstroze
- Ščepec fine soli
- 1 skodelica temne čokoladne kuverture
- 1/2 skodelice brezvodnega masla

DRUGO:
- Zeleno obarvano kakavovo maslo (za okras)
- bela čokolada (za obliv)
- V maščobi topno zeleno barvilo

NAVODILA:
GELIFICIRAN LIMONIN NADEV S SANSHO:
a) V ponvi zmešajte vodo, limonin sok, pektin in 70 g saharoze. Segrevajte in mešajte, dokler se dobro ne združi.
b) Dodajte preostalih 840 g saharoze in glukoznega sirupa. Še naprej segrevajte in mešajte.
c) Mešanico zavrite, dokler ne doseže 70/75° Brix.
d) Dodajte raztopino citronske kisline.
e) Mešanico odstavite. Presejte ga skozi gosto mrežo, da razbijete strukturo gela.
f) Dodajte drobno naribano limonino lupino in prah sansho. Dati na stran.

SVEŽI ROŽMARIN IN ESMERALDA GANACHE:

g) Rožmarinov poparek precedite (45 g svežega rožmarina poparite s 500 g vrele vode).
h) Odtehtajte 450 g rožmarinovega poparka in v njem raztopite sladkorje in sol.
i) Z mešanico kuverture temne čokolade Esmeralda in brezvodnega masla prelijemo tekočino, prepojeno z rožmarinom.
j) Mešanico pravilno emulgirajte in temperirajte pri 32°/33°C.

SESTAVLJANJE:

k) Umirite temno zeleni sprej za pištolo in z zračno krtačo poškropite polkrogle. Ponovite postopek z obarvanim zelenim čokoladnim razpršilom za pištolo.
l) Na koncu kuverturo iz temne čokolade Esmeralda temperiramo in obložimo modelčke.
m) V vsak kalup nanesite pikico mešanice gelirane limone in sanshoja.
n) Nato napolnite modelčke s svežim rožmarinom in Esmeralda ganache.
o) Bonbone pustimo nekaj ur, da kristalizirajo, nato jih pokrijemo.
p) Odlijte bonbone in jih pobarvajte z zelenim kakavovim maslom, da ustvarite učinek kapljice na čokoladi.
q) Bonbone odstavimo, da se strdijo.

23. Matcha Bonboni

SESTAVINE:
- 225 gramov težke smetane
- ¼ skodelice javorjevega sirupa
- 2 žlici rjavega sladkorja
- 1 žlica zelenega čaja Matcha in še ena žlica za posip
- 340 gramov grenke čokolade, drobno sesekljane
- Ščepec Matcha soli ali košer soli

NAVODILA:
a) V majhni kozici na rahlem ognju zavrite smetano, dodajte javorjev sirup in rjavi sladkor ter mešajte, dokler se ne raztopita, približno 2 minuti.
b) Dodajte 1 žlico matche, mešajte, dokler se ne raztopi, in odstavite.
c) Čokolado dajte v večjo posodo za mešanje in vlijte mešanico smetane. Dobro premešamo in vlijemo v pekač obložen s peki papirjem. Zgladite ga z gumijasto lopatico. Ohladite v hladilniku približno eno uro.
d) Z žlico zajemite zvrhano čajno žličko in z dlanmi naredite kroglico. Ponavljajte, dokler ne porabite vse čokolade – na koncu bi morali dobiti približno 50 bonbonov.
e) Zložite jih na pladenj ali krožnik in jih na gosto sito potresite z dodatno matcho. Po vrhu zelo rahlo potresemo z matcho.

24. Bonboni z baziliko bele čokolade

SESTAVINE:
ZA GANACHE IZ BELE ČOKOLADE BAZILIKA:
- 5 oz bele čokolade
- 1 oz glukoze
- 5 oz težke smetane
- 0,25 oz sveže bazilike

ZA GANACHE Z MANDELJEVIM OLJČNIM OLJEM:
- 5 oz mandljeva čokolada za navdih (ali mandljeva čokolada)
- 1 oz težke smetane
- 4 oz oljčnega olja
- 1 oz glukoze
- 1/8 žličke soli

ZA KALJENJE IN PREMAZANJE:
- Bela čokolada za temperiranje in obliv (količina po potrebi)

NAVODILA:
IZDELAVA GANACHEJA IZ BAZILIKE IZ BELE ČOKOLADE:
a) V manjši posodi segrejemo smetano in glukozo.
b) Belo čokolado dajte v majhno skledo.
c) Ko smetana začne vreti, jo odstavimo z ognja in z njo prelijemo belo čokolado. Mešajte do gladkega.
d) Mešanico prenesite v mešalnik in jo na visoki hitrosti mešajte s svežo baziliko, dokler se bazilika popolnoma ne vključi in zmes postane zelena.
e) Bazilikin ganache prelijte nazaj v majhno skledo in ga postavite na stran, da se ohladi.

IZDELAVA GANAŠA IZ MANDELJEVEGA OLJČNEGA OLJA:
f) V drugem majhnem loncu zmešajte smetano, oljčno olje, glukozo in sol.
g) Mandljevo čokolado za navdih dajte v majhno skledo.
h) Ko smetana začne vreti, jo odstavimo z ognja in jo prelijemo čez mandljevo čokolado za navdih. Mešajte do gladkega.
i) Ganache iz mandljevega olivnega olja odstavite, da se ohladi.

KALJENJE BELE ČOKOLADE:
j) Del bele čokolade položite v skledo nad parni kotel. Pripravite digitalni termometer.
k) Belo čokolado stopite na 115 °F (46 °C).
l) Odstranite posodo z ognja in dodajte preostalo belo čokolado (metoda sejanja). Mešajte, dokler se temperatura ne ohladi na 79–81 °F (26–27 °C).

m) Ponovno segrejte belo čokolado na 82-84 °F (28-29 °C). To je vaša delovna temperatura.

SESTAVLJANJE BONBONOV:

n) Kalupe najprej pobarvajte (če želite) s čopičem s trdimi ščetinami.

o) Ko se kalupi strdijo, v vsako votlino vlijemo temperirano belo čokolado, potrkamo po njej z lopatico in obrnemo model, da odstranimo odvečno čokolado. Moral bi imeti lepo lupino.

p) Model za nekaj minut postavimo v hladilnik.

q) V vsako votlino nanesite majhno količino ohlajenega bazilikinega ganacheja.

r) Model vrnemo v hladilnik in pustimo, da se prvi nadev strdi.

s) Kot drugi nadev dodajte ganache iz mandljevega olivnega olja.

t) Model postavimo nazaj v hladilnik, da se strdi (približno 30 minut).

u) Ko se nadevi strdijo, zaprite bonbone tako, da čez ganache prelijete temperirano belo čokolado in jo zgladite z lopatico.

v) Za prekrivanje dna bonbonov lahko uporabite folijo za prenos. Čez nastavljene nadeve prelijemo belo čokolado, na vrh položimo prenosni list in ga s strgalom ali lopatko poravnamo z modelom.

w) Pustite, da se bonboni strdijo vsaj 4 ure, preden jih odstranite iz kalupa.

ZAKLJUČEK:

x) Bonbone potrkajte iz kalupa. Če so bili pravilno temperirani in so nadevi strjeni, bi morali takoj izskočiti.

25.Mint čokoladni bonboni

SESTAVINE:
- 8 unč temne čokolade, drobno sesekljane
- ½ skodelice težke smetane
- 2 žlici nesoljenega masla, pri sobni temperaturi
- ½ čajne žličke izvlečka poprove mete
- Zeleni bonboni se stopijo ali poškropijo, za okras

NAVODILA:
a) Narezano temno čokolado dajte v toplotno odporno skledo.
b) V majhni kozici na zmernem ognju segrevajte smetano, dokler ne začne vreti. Odstranite z ognja.
c) Vročo smetano prelijemo čez narezano čokolado in pustimo stati 1-2 minuti.
d) Zmes nežno mešajte, dokler se čokolada popolnoma ne stopi in postane gladka.
e) Dodajte maslo in ekstrakt poprove mete. Mešajte, dokler ni popolnoma vključena.
f) Skledo pokrijte s plastično folijo in postavite v hladilnik za vsaj 2 uri ali dokler se ne strdi.
g) S čajno žličko ali majhno zajemalko razdelite ganache in ga razvaljajte v kroglice.
h) Izbirno: Stopite zelene bonbone v skladu z navodili na embalaži. Bonbone delno potopite v stopljene bonbone ali jih poškropite po bonbonih.
i) Bonbone do uživanja shranite v hladilniku.

26.Bonboni iz bavarske kovnice

SESTAVINE:
- 1 skodelica temne čokolade, drobno sesekljane
- ½ skodelice težke smetane
- ½ čajne žličke izvlečka poprove mete
- 2 žlici nesoljenega masla, zmehčanega
- ¼ skodelice sladkorja v prahu
- Zelena jedilna barva (neobvezno)
- ¼ skodelice kakava v prahu (za posip)
- Listi mete za okras (neobvezno)

NAVODILA:
a) Temno čokolado dajte v toplotno odporno skledo.
b) V majhni kozici na zmernem ognju segrevajte smetano, dokler ne začne vreti. Odstranite z ognja.
c) Vročo smetano prelijemo čez narezano temno čokolado in pustimo stati minuto.
d) Zmes mešamo, dokler se čokolada popolnoma ne stopi in postane gladka.
e) Čokoladni mešanici dodamo izvleček poprove mete, zmehčano maslo in sladkor v prahu. Mešajte, dokler se dobro ne poveže.
f) Če želite, dodajte nekaj kapljic zelene jedilne barve, da dosežete meto zeleno barvo.
g) Skledo pokrijemo s plastično folijo in postavimo v hladilnik za približno 2 uri oziroma dokler zmes ni čvrsta.
h) Z žličkami zajemamo ohlajeno zmes in zvaljamo majhne kroglice.
i) Bonbone povaljajte v kakavovem prahu, da so enakomerno prekriti.
j) Bonbone postavite v nepredušno posodo in ohladite, dokler jih ne postrežete.
k) Pred serviranjem po želji okrasite z listi mete.

27. Bonboni s timijanom, sladkorjem Panela in medom

SESTAVINE:
- 500 g Republica Del Cacao 40% karamelizirane mlečne čokolade
- Pomarančno kakavovo maslo
- Belo kakavovo maslo

POLNILO TIMIJAN/PANELA SLADKOR/MANUKA MED:
- 100 g Manuka medu
- 142 g smetane za stepanje
- 50 g Panela sladkorja
- 28 g svetlo rjavega sladkorja
- 8 g timijana
- 6 g soli
- 79 g sladkorja v prahu
- 79 g tekoče glukoze
- 44 g nesoljenega masla

NAVODILA:
PRIPRAVA ŠKOLJKE:
a) Polikarbonatni model za čokolado zloščite z vatiranimi blazinicami, da bo lesketajoč.
b) Stopite oranžno in belo kakavovo maslo ter s čopičem ustvarite motiv v kalupu. Začnite s plastjo bele in pustite, da se posuši, nato dodajte oranžno plast.

ČOKOLADNA LUPINA:
c) 500 g čokolade dajte v plastično skledo in jo v 25-sekundnih sunkih stopite v mikrovalovni pečici, dokler ne doseže 45 stopinj Celzija.
d) Večino stopljene čokolade vlijemo na marmorno ploščo.
e) S strgalom za čokolado in paletnim nožem premikajte čokolado, da se ohladi, pri tem pa pazite na temperaturo. Ohladite na 25-26 stopinj Celzija.
f) Ohlajeno čokolado strgamo nazaj v skledo, premešamo in segrejemo na delovno temperaturo 29-30 stopinj Celzija.
g) Temperirano čokolado preložimo v cevno vrečko.
h) Vsako vdolbino modela napolnite s čokolado, potrkajte po modelu, da odstranite zračne mehurčke, in ga obrnite na glavo, da odstranite odvečno čokolado.
i) S strgalom odstranite odvečno čokolado s stranic in dna.
j) Model položite z glavo navzdol na list mastnega papirja in pustite na sobni temperaturi 5 minut.

PRIPRAVA NADEVA:

k) Manuka med dajte v cevno vrečko in nalijte majhno količino v vsako čokoladno lupino (približno 3 mm globoko).
l) V ponvi zavremo smetano za stepanje, panela sladkor, svetlo rjavi sladkor in sol. Dodamo timijan, pokrijemo s prozorno folijo in pustimo stati 30 minut.
m) Ko se mešanica prepoji, precedite mešanico smetane skozi cedilo in jo vrnite v čisto ponev na srednji ogenj, da ostane topla za pripravo karamele.

PRIPRAVA KARAMELE:
n) V čisti ponvi ustvarite direktno karamelo s sladkorjem v prahu. Segrevajte, dokler ne doseže karamelne barve.
o) Dodajte glukozo in segrevajte, dokler ne postane karamelna.
p) Dodamo prelito smetano, premešamo in kuhamo do 107 stopinj Celzija.
q) Karamelo precedimo skozi cedilo, pokrijemo s folijo za živila in pustimo, da se ohladi na 60 stopinj Celzija.
r) Ko se segreje na 60 stopinj, dodajte nesoljeno maslo in ga z mešalnikom emulgirajte v karamelo.
s) Pustite, da se ohladi, dokler ne doseže 29-30 stopinj Celzija.

POLNJENJE BONBONOV:
t) Karamelo položite v cevno vrečko in jo napolnite v vdolbine, tako da pustite 2 mm prostora od vrha.
u) Napolnjene bonbone pustite stati 3-4 ure, da se razvije lupina.

TESNENJE BONBONOV:
v) Čokolado ponovno temperiramo in jo damo v cevno vrečko.
w) Previdno segrejte vrh napolnjenih lupin s toplotno pištolo za sekundo, da ustvarite tesnilo okoli stranic.
x) Čez vdolbine nanesite še čokolado in jo poravnajte s paletnim nožem.
y) S strgalom za čokolado odstranite morebitno odvečno čokolado, tako da pustite čisto in ravno dno vaših čokolad.
z) Pustite bonbone 30 minut na sobni temperaturi, da se strdijo, preden jih vzamete iz modela. Če se nekateri ne sprostijo zlahka, postavite model v hladilnik za 10-15 minut, preden ga odstranite.

28.Karamelni bonboni s hruško in žajbljem

SESTAVINE:
GANAŠ IZ HRUŠKE IN ŽAJBLJA:
- 20 g sesekljanega žajblja
- 100 g 35% smetane
- 200 g hruškove kaše
- 600 g kakavove karamele 35%
- 25 g masla

SESTAVLJANJE:
- Bonbon školjke
- Zeleno in črno barvilo za živila v spreju
- Karamelna bela čokolada (za polnjenje bonbonov)
- Pripravljen ganache iz hrušk in žajblja

NAVODILA:
HRUŠKA IN ŽAJBLJEV GANACHE:
a) V kozici vsaj 20 minut dušite sesekljan žajbelj v 35% smetani.
b) Po poparku dodamo hruškovo kašo v smetano, prepojeno z žajbljem, in zavremo.
c) To zmes prelijemo čez kakavovo karamelo 35 %.
d) Mešanici dodajte maslo.
e) Emulgirajte in pustite, da kristalizira.

SESTAVLJANJE BONBONOV:
f) Bonbone poškropite z zeleno in črno barvo.
g) Lupinice napolnite z belo čokolado Zéphyr™ Caramel.
h) Lupine napolnite s hruško in žajbljevim ganachejem.
i) Ko so vaši bonboni strjeni, lahko uživate v teh čudovitih karamelnih bonbonih s hruško in žajbljem.

BONBONI Z OREŠČKI

29. Bonboni iz sladkorne slive

SESTAVINE:
- 1 skodelica zmehčanega masla ali margarine
- 1 1/2 skodelice presejanega slaščičarskega sladkorja
- 1/4 skodelice kakava
- 1/4 čajne žličke mandljevega ekstrakta
- 1/2 skodelice sesekljanih blanširanih mandljev
- 2 skodelici hitrega Quaker ovsa, nekuhanega
- Na kosmiče ali nastrgan kokos (za valjanje)

NAVODILA:
a) V posodi za mešanje stepamo zmehčano maslo (ali margarino) in slaščičarski sladkor, dokler zmes ne postane kremasta in se dobro poveže.
b) Zmešajte kakav in mandljev izvleček ter se prepričajte, da je vse dobro premešano.
c) Vmešajte sesekljane blanširane mandlje in hiter Quaker Oats. Mešajte, dokler niso vse sestavine enakomerno porazdeljene.
d) Testo ohladite, dokler ne postane trdo, kar bo trajalo vsaj 2 do 3 ure v hladilniku.
e) Ko je testo ohlajeno in čvrsto, odlomite kose in jih oblikujte v 1-palčne kroglice.
f) Vsako kroglico povaljajte v kosmičih ali nastrganem kokosu, da premažete zunanjost.
g) Obložene bonbone položite na pladenj ali krožnik in jih ohladite v hladilniku.

30. Bonboni s pereci iz arašidovega masla

SESTAVINE:
ZA NADEV:
- 1 skodelica kremastega arašidovega masla
- 1/2 skodelice sladkorja v prahu
- 1 skodelica zdrobljene preste
- 1/2 skodelice nesoljenega masla, stopljenega

ZA ČOKOLADNI PRELIV:
- 200 g polsladke čokolade
- 2 žlici rastlinskega olja

ZA OKRAS:
- Zdrobljene preste
- Groba morska sol

NAVODILA:
IZDELAVA NADEVA:
a) V skledi za mešanje zmešajte kremasto arašidovo maslo, sladkor v prahu, zdrobljene preste in stopljeno nesoljeno maslo. Mešajte, dokler se vse sestavine dobro ne premešajo.
b) Pustite, da se mešanica ohladi na sobno temperaturo.
c) Nadev za preste iz arašidovega masla prenesite v cevno vrečko.
d) Nadev vlijemo v silikonski model za bonbone, tako da vsako vdolbino napolnimo do vrha. Potrkajte po kalupu, da odstranite vse zračne mehurčke.
e) Model postavite v hladilnik in pustite, da se bonboni strdijo vsaj 2 uri.

IZDELAVA ČOKOLADNEGA OBLIVA:
f) V toplotno odporni skledi stopite polsladko čokolado z rastlinskim oljem v mikrovalovni pečici v 20-sekundnih intervalih in mešajte, dokler ne postane gladka.

SESTAVLJANJE:
g) Odstranite bonbone iz silikonskega modela in jih položite na rešetko s pladnjem ali pergamentnim papirjem pod njim, da ujamete morebitne kapljice.
h) Stopljeno čokolado enakomerno prelijemo čez vsak bonbon, tako da zagotovimo popolno pokritost.
i) Z lopatico zgladite čokolado in odstranite odvečno maso.
j) Bonbone okrasite z zdrobljenimi prestami in potresite z grobo morsko soljo.
k) Pustite, da se čokoladni obliv strdi približno 15 minut na sobni temperaturi, lahko pa bonbone postavite v hladilnik, da pospešite postopek.
l) Ko je premaz strjen, prenesite bonbone na servirni krožnik ali škatlo.

31. Čokoladni bonboni

SESTAVINE:
- 10-unčna vrečka polsladkih čokoladnih koščkov
- ½ skodelice težke smetane za stepanje
- 1 žlica nesoljenega masla
- 2 žlici rdečega vina
- 1 čajna žlička vanilijevega ekstrakta
- Prelivi: zdrobljeni dimljeni mandlji, kakav v prahu, stopljena čokolada in morska sol

NAVODILA:
a) Čokolado sesekljajte.
b) Narezano čokolado dajte v veliko posodo iz nerjavečega jekla ali stekla.
c) V majhni kozici na zmernem ognju segrevajte smetano in maslo, dokler ne začne vreti.
d) Zmešajte smetano s čokolado: Takoj, ko tekočina začne vreti, jo takoj prelijte v skledo k čokoladi.
e) Dodamo vanilijo in vino ter stepamo do gladkega.
f) Skledo pokrijemo s plastično folijo in za približno eno uro postavimo v hladilnik, da se zmes strdi.
g) Ko so bonboni ohlajeni, jih izdolbite z mešalnikom za melone in jih zvijte z rokami.
h) Nato jih premažite s prelivi po želji.

32. Bonboni Gianduja

SESTAVINE:
- 1 skodelica mlečne čokolade, drobno sesekljane
- ½ skodelice lešnikove paste ali Nutelle
- ¼ skodelice težke smetane
- ¼ skodelice drobno sesekljanih lešnikov
- Kakav v prahu ali sladkor v prahu (za valjanje)

NAVODILA:
a) Mlečno čokolado dajte v toplotno odporno skledo.
b) V majhni kozici na zmernem ognju segrevajte smetano, dokler ne začne vreti. Odstranite z ognja.
c) Vročo smetano prelijemo čez narezano mlečno čokolado in pustimo stati minuto.
d) Zmes mešamo, dokler se čokolada popolnoma ne stopi in postane gladka.
e) V čokoladno mešanico dodajte lešnikovo pasto (ali Nutello). Mešajte, dokler se dobro ne poveže.
f) Vmešamo drobno sesekljane lešnike.
g) Skledo pokrijemo s plastično folijo in postavimo v hladilnik za približno 2 uri oziroma dokler zmes ni čvrsta.
h) Z žličkami zajemamo ohlajeno zmes in zvaljamo majhne kroglice.
i) Bonbone povaljajte v kakavu ali sladkorju v prahu, da so enakomerno prekriti.
j) Bonbone postavite v nepredušno posodo in ohladite, dokler jih ne postrežete.
k) Uživajte v bogatih in oreščkovih okusih bonbonov Gianduja!

33.Bonboni iz arašidovega masla

SESTAVINE:
- 1 skodelica arašidovega masla
- 2 žlici masla
- 1 skodelica presejanega sladkorja v prahu
- 1 1/2 skodelice drobno sesekljanih oreščkov (po vaši izbiri)
- 6 unč polsladkih čokoladnih koščkov
- 1 čajna žlička trdne zelenjavne masti

NAVODILA:
a) V skledi za mešanje zmešajte arašidovo maslo, maslo in presejan sladkor v prahu. Sestavine mešamo, dokler ne nastane gladka in dobro premešana zmes.

b) Pripravljeno zmes oblikujemo v majhne kroglice. Velikost kroglic se lahko razlikuje glede na vaše želje, vendar so običajno premera okoli 1 palca.

c) V toplotno odporni skledi stopite polsladke čokoladne koščke in trdno zelenjavno maslo. To lahko storite tako, da posodo postavite nad vročo, ne vrelo vodo. Čokoladno mešanico mešajte, dokler ni popolnoma stopljena in gladka.

d) Vsako kroglico arašidovega masla z vilicami ali zobotrebcem pomočite v stopljeno čokolado in zagotovite, da so enakomerno prekrite.

e) Po pomakanju pustite, da odvečna čokolada odteče, nato pa vsako s čokolado oblito kroglico povaljajte v drobno sesekljanih oreščkih. To bo vašim bonbonom dalo prijeten premaz z oreščki.

f) Obložene bonbone položite na pekač, obložen s povoščenim papirjem. Ko so vsi bonboni pripravljeni, jih ohladite, dokler se čokolada ne strdi in se bonboni strdijo.

g) Ko se strdijo, lahko bonbone iz arašidovega masla shranite v nepredušni posodi v hladilniku.

34. Čokoladni lešnikovi bonboni

SESTAVINE:
- 200 g temne čokolade (npr. Callebaut Dark Chocolate callets)
- 2 g (1 čajna žlička) kakavovega masla v prahu (za kaljenje, neobvezno)
- 15 celih praženih lešnikov (brez lupine)

NAVODILA:
a) Očistite model za čokolado, da odstranite morebitne ostanke.
b) Čokolado raztopimo in temperiramo. Za merjenje temperature čokolade med kaljenjem uporabite termometer, na primer infrardečo termometrsko pištolo.
c) Za temperiranje: Če uporabljate callets iz temne čokolade Callebaut, čokolado stopite na 45-50°C, nato jo pustite, da se ohladi na sobni temperaturi na 34-35°C.
d) Ko se čokolada segreje na 34-35°C, stopljeni čokoladi dodajte 1 % kakavovega masla v prahu, kar je 2 g (1 čajna žlička) na 200 g čokolade. Uporabite lahko katero koli kakavovo maslo v prahu, ki vam je na voljo. Kakavovo maslo v prahu dobro zmešajte s čokolado.
e) Temperirano čokolado vlijemo v model in v vsako vdolbinico polcžimo po en lešnik.
f) S kalupom nekajkrat previdno potrkajte po kuhinjskem pultu, da sprostite morebitne majhne zračne mehurčke.
g) Vrh čokolade zgladite z lopatico.
h) Pustite, da se čokolada strdi na sobni temperaturi 30-60 minut, v hladilniku 15-30 minut ali v zamrzovalniku 5-10 minut. Če je čokolada pravilno temperirana, je treba bonbone zlahka odstraniti iz modela.
Nasvet: Pri odstranjevanju bonbonov iz kalupa uporabite rokavice.

35. Čokoladni bonboni z arašidovim maslom

SESTAVINE:
- 8 unč temne čokolade, drobno sesekljane
- ½ skodelice težke smetane
- 2 žlici nesoljenega masla, pri sobni temperaturi
- ¼ skodelice kremastega arašidovega masla
- Zdrobljeni arašidi, za oblaganje

NAVODILA:
a) Narezano temno čokolado dajte v toplotno odporno skledo.
b) V majhni kozici na srednjem ognju segrevajte smetano, dokler ne začne vreti. Odstranite z ognja.
c) Vročo smetano prelijemo čez narezano čokolado in pustimo stati 1-2 minuti.
d) Zmes nežno mešajte, dokler se čokolada popolnoma ne stopi in postane gladka.
e) Dodajte maslo in arašidovo maslo. Mešajte, dokler ni popolnoma vključena.
f) Skledo pokrijte s plastično folijo in postavite v hladilnik za vsaj 2 uri ali dokler se ne strdi.
g) S čajno žličko ali majhno zajemalko razdelite ganache in ga razvajajte v kroglice.
h) Bonbone povaljajte v zdrobljenih arašidih za premaz.
i) Bonbone do serviranja shranite v hladilniku.

36. Pomarančni in pistacijevi marcipanovi bonboni

SESTAVINE:
- 17,5 oz (500 g) marcipana
- 2 oz (60 g) pistacij, oluščenih in olupljenih, celih ali grobo narezanih
- 3 oz (90 g) kandirane pomarančne lupine, drobno narezane
- 2 žlici (1 oz / 30 ml) likerja Cointreau ali Grand Marnier (neobvezno)
- 10,5 oz (300 g) bele čokolade, drobno sesekljane za temperiranje

NAVODILA:
a) Kandirano pomarančno lupino prelijemo s Cointreaujem ali Grand Marnierjem, položimo v pokrito posodo in pustimo, da se namaka čez noč.
b) Namočene lupine in pistacije vgnetemo v marcipan, da se enakomerno porazdelijo.
c) Marcipan razvaljajte na približno 2 cm debelo, pri čemer uporabite malo sladkorja v prahu, da se ne sprime.
d) Marcipan narežemo na kvadratke.
e) Belo čokolado temperirajte.
f) Vsak kvadrat marcipana previdno spustite v temperirano čokolado z vilicami.
g) Z vilicami potrkajte po strani posode, da odstranite odvečno čokolado. Za boljšo pokritost je najbolje uporabiti globoko skledo.
h) Odvečno čokolado postrgajte izpod umakalnih vilic ob strani sklede.
i) Namočene tartufe/bonbone položite na pergamentni papir in po želji okrasite. Uporabite lahko transferje, potresete zdrobljeno pistacijo ali kandirano lupinico. Lahko pa počakate, da se čokolada napol strdi, nato pa z vilico označite vrh čokolade.
j) Ko se čokolada strdi, z ostrim nožem odrežemo odvečno čokolado ("noge").
k) S čokolado se čim manj dotikajte ali nosite rokavice, ki so varne za živila, da preprečite puščanje prstnih odtisov na čokoladi.
l) Pustite, da se bonboni popolnoma strdijo.

37.Bon Bon s sezamom in mandlji

SESTAVINE:
ZA GANACHE:
- 210 g smetane
- 22 g glukoze
- 340g Guittard 45% Soleil d'Automne
- 35 g nesoljenega masla
- 0,5 g strganega vanijevega stroka

ZA SEZAMOVO MANDELJEVO PRALINE NADEV:
- 240 g sezamove mandljeve praline paste
- 30g Guittard 45% Soleil d'Automne
- 30 g kakavovega masla

ZA SEZAMOVO MANDELJEVO PRALINE PASTO:
- 360 g praženih sezamovih semen
- 300 g praženih naravnih mandljev
- 400 g sladkorja
- 60 g glukoze
- 60 g vode
- 35 g soljenega masla
- 1 stran vanilijev strok

NAVODILA:
ZA GANACHE:
a) Smetano z glukozo zavremo in jo prelijemo čez čokolado.
b) Pustite stati 5 minut.
c) Pri 95°F dodajte zmehčano maslo in emulgirajte.
d) Ganache nadevajte v modelčke za bon bon, ki ste jih predhodno obložili s temperirano 45% mlečno čokolado. Modelčke napolnite približno do 2/3, pri čemer pustite prostor za praline nadev.

ZA SEZAMOVO MANDELJEVO PRALINE NADEV:
e) Posebej popražimo mandlje in sezamova semena ter jih pustimo na toplem.
f) V ločeni ponvi dodajte sladkor, glukozo, vodo in vanilijo v svetlo karamelo.
g) Dodajte tople mandlje in sezamova semena, med mešanjem nadaljujte s karamelizacijo sladkorjev.
h) Ko dosežete srednje jantarno karamelo, dodajte maslo in premešajte, da postane emulgator, nato zmes prelijte na silpat za hlajenje.
i) Ko se zmes ohladi, zmeljemo v kuhinjskem robotu, da dobimo gladko pasto.

ZA SEZAMOVO MANDELJEVO PRALINE PASTO:
j) Stopite kakavovo maslo s čokolado na 88°F.
k) Praline pasto vmešamo v čokoladno mešanico.

SESTAVLJANJE:
l) Praline nadev nanesite na ganache, ki se je že strdil v bon bon školjki.
m) Modelčke obložite s temperirano 45% mlečno čokolado.

38. Espresso mandljevi bonboni

SESTAVINE:
- 8 unč temne čokolade, drobno sesekljane
- ½ skodelice težke smetane
- 2 žlici nesoljenega masla, pri sobni temperaturi
- 1 žlica instant espressa v prahu, raztopljena v vroči vodi
- ½ skodelice sesekljanih mandljev, opečenih
- Stopljena temna čokolada (za prelivanje, po želji)

NAVODILA:
a) Narezano temno čokolado dajte v toplotno odporno skledo.
b) V majhni kozici na zmernem ognju segrevajte smetano, dokler ne začne vreti. Odstranite z ognja.
c) Vročo smetano prelijemo čez narezano čokolado in pustimo stati 1-2 minuti.
d) Zmes nežno mešajte, dokler se čokolada popolnoma ne stopi in postane gladka.
e) Dodajte maslo in raztopljen espresso prašek. Mešajte, dokler ni popolnoma vključena.
f) Skledo pokrijte s plastično folijo in postavite v hladilnik za vsaj 2 uri ali dokler se ne strdi.
g) S čajno žličko ali majhno zajemalko razdelite ganache in ga razvaljajte v kroglice.
h) Bonbone povaljajte v sesekljanih praženih mandljih, da jih prekrijete.
i) Neobvezno: Bonbone za okras pokapajte s stopljeno temno čokolado.
j) Bonbone do uživanja shranite v hladilniku.

39. Mocha mandljevi bonboni

SESTAVINE:
- 2 žlici vode
- 1 žlica instant kavnih zrnc
- ¾ skodelice polsladkih čokoladnih koščkov
- ¾ skodelice mletih mandljev
- ¾ skodelice slaščičarskega sladkorja, razdeljenega

NAVODILA:

a) V srednji ponvi zmešajte vodo in kavna zrnca na zmernem ognju in mešajte, dokler se kavna zrnca ne raztopijo.

b) Dodamo čokolado in mešamo, dokler se ne stopi.

c) Odstranite z ognja in vmešajte mandlje in ½ skodelice slaščičarskega sladkorja, dokler se ne strdi.

d) Oblikujte 2 ducata 1-palčnih kroglic, nato jih povaljajte v preostali ¼ skodelice slaščičarskega sladkorja.

e) Položite na pekač in ohladite 10 minut ali dokler ni čvrsta.

f) Postrezite ali shranite v nepredušni posodi, dokler ni pripravljen za serviranje.

40. Bonboni s figami in orehi

SESTAVINE:
- 12 v vodi namočenih suhih fig, ki jim odstranimo pecelj in jih razpolovimo
- 1 in pol skodelice orehov
- 1 žlica dulse, kosmičev
- 1 ščepec soli
- 1 čajna žlička vanilije
- 1 žlica surovega kakavovega masla, naribanega - po želji
- ¼ skodelice surovega kakava v prahu plus dodatna ali naribana temna čokolada.
- Po potrebi kanček ananasovega soka ali prihranjene tekočine iz namočenih fig.

NAVODILA:
a) Zmešajte orehe, dulse in sol v kuhinjskem robotu z rezilom S.
b) Fige odcedimo in tekočino prihranimo.
c) Fige dodajte k orehom s preostalimi sestavinami in mešajte, dokler se mešanica ne poveže.
d) Oblikujte na kvadratni krožnik. Ohladite in narežite na majhne kvadratke. Potresemo s surovim kakavom. Ali pa jih zvaljajte v kroglice in potresite s kakavom v prahu ali naribano čokolado.

41. Lešnikovi bonboni

SESTAVINE:
- 8 unč temne čokolade, drobno sesekljane
- ½ skodelice težke smetane
- 2 žlici nesoljenega masla, pri sobni temperaturi
- ½ skodelice sesekljanih praženih lešnikov
- ¼ skodelice (40 g) drobno zdrobljenih napolitanskih piškotov (kot so graham krekerji)

NAVODILA:
a) Narezano temno čokolado dajte v toplotno odporno skledo.
b) V majhni kozici na srednjem ognju segrevajte smetano, dokler ne začne vreti. Odstranite z ognja.
c) Vročo smetano prelijemo čez narezano čokolado in pustimo stati 1-2 minuti.
d) Zmes nežno mešajte, dokler se čokolada popolnoma ne stopi in postane gladka.
e) Dodamo maslo, sesekljane lešnike in zdrobljene napolitanke. Mešajte, dokler se dobro ne poveže.
f) Skledo pokrijte s plastično folijo in postavite v hladilnik za vsaj 2 uri ali dokler se ne strdi.
g) S čajno žličko ali majhno zajemalko razdelite ganache in ga razvaljajte v kroglice.
h) Neobvezno: Bonbone povaljajte v dodatnih sesekljanih lešnikih ali kakavovem prahu za premaz.
i) Bonbone do serviranja shranite v hladilniku.

42.Mandljevi bonboni

SESTAVINE:
- 3 skodelice praženih mandljev
- 32 unč mlečne čokolade, razdeljeno
- 1 skodelica masla
- 60 gramov likerja amaretto
- 2 ščepca soli

NAVODILA:
a) Uporabite nož ali obdelajte v kuhinjskem robotu na pulz, da zmanjšate koščke oreščkov na nekoliko večje od krušnih drobtin. Postavite v plitvo skledo ali krožnik.
b) Polovico mlečne čokolade temperirajte po tej metodi.
c) Maslo položite na pergamentni papir. Pergamentni papir zložite okoli masla, da oblikujete "blazino". Masleno blazino postavite v mikrovalovno pečico 10 sekund. Zgnetite blazino, da se toplota porazdeli.
d) Nadaljujte s kuhanjem v 5-sekundnih korakih, pri čemer pazite, da med segrevanjem dobro pregnetete. Bodite zelo previdni, da se maslo ne stopi.
e) Konsistenca, ki jo iščete, je podobna stepenemu maslu.
f) Maslo vmešamo v temperirano čokolado.
g) Ko je popolnoma premešan, ganacheju dodajte amaretto in sol. Dobro premešajte, da se popolnoma vključi.
h) Pergamentni stožec do polovice napolnite z ganachejem in na konici izrežite ¼-palčno odprtino. Ganache nanesite na pergamentni papir v majhne kocke v velikosti Hershey Kiss.
i) Pustite, da se strdi, po potrebi v hladilniku, 10 minut.
j) Z rokavicami hitro zmečkajte kupčke v grobo obliko krogle in jih pustite počivati na pergamentnem papirju.
k) Za vsak tartuf ne porabite več kot 2 do 3 sekunde, sicer se lahko zaradi toplote vaših rok preveč stopi. Če imate vroče roke, uporabite dvojne rokavice in delajte še hitreje.
l) Ko so vsi bonboni približno oblikovani v kroglico, jih hitro povaljajte med dlanmi, da naredite bolj okrogle bonbone.
m) Preostalo polovico mlečne čokolade temperirajte v drugi skledi po tukajšnji metodi.
n) Pri korakih 8 in 9 nosite nove rokavice in v skledo s čokolado položite do 3 bonbone.
o) Delajte hitro in se z eno roko prepričajte, da je tartuf v celoti oblit s čokolado, nato pa z isto roko dvignite tartuf iz sklede in pustite, da

odvečna čokolada odteče, preden ga položite v plitvo skledo ali krožnik pripravljenih oreščkov.
p)   Po drugi strani pa vsak tartuf z žlico povaljajte v oreščkih, dokler ni dobro prevlečen. Z isto roko odstranite obložene bonbone in jih položite na pergamentni papir.
q)   Ponovite koraka 8 in 9 s preostalimi bonboni.
r)   Shranjujte v npredušni posodi na hladnem, suhem, temnem in brez vonja do 1 teden

43. Bonboni iz pistacijeve vrtnice

SESTAVINE:
- 8 unč bele čokolade, drobno sesekljane
- ½ skodelice težke smetane
- 2 žlici nesoljenega masla, pri sobni temperaturi
- ¼ skodelice mletih pistacij
- ½ čajne žličke rožne vode
- Sesekljane pistacije ali cvetni listi vrtnic za premaz

NAVODILA:
a) Narezano belo čokolado dajte v toplotno odporno skledo.
b) V majhni kozici na srednjem ognju segrevajte smetano, dokler ne začne vreti. Odstranite z ognja.
c) Vročo smetano prelijemo čez narezano čokolado in pustimo stati 1-2 minuti.
d) Zmes nežno mešajte, dokler se čokolada popolnoma ne stopi in postane gladka.
e) Dodamo maslo, mlete pistacije in rožno vodo. Mešajte, dokler ni popolnoma vključena.
f) Skledo pokrijte s plastično folijo in postavite v hladilnik za vsaj 2 uri ali dokler se ne strdi.
g) S čajno žličko ali majhno zajemalko razdelite ganache in ga razvaljajte v kroglice.
h) Bonbone povaljajte v sesekljanih pistacijah ali vrtničnih listih, da jih premažete.
i) Bonbone do uživanja shranite v hladilniku.

44.Bonboni iz orehovega javorja

SESTAVINE:
- 8 unč temne čokolade, drobno sesekljane
- ½ skodelice težke smetane
- 2 žlici nesoljenega masla, pri sobni temperaturi
- ½ skodelice sesekljanih orehov
- 2 žlici javorjevega sirupa
- Sladkor v prahu ali kakav v prahu, za valjanje

NAVODILA:
Narezano temno čokolado dajte v toplotno odporno skledo.
V majhni kozici na srednjem ognju segrevajte smetano, dokler ne začne vreti. Odstranite z ognja.
Vročo smetano prelijemo čez narezano čokolado in pustimo stati 1-2 minuti.
Zmes nežno mešajte, dokler se čokolada popolnoma ne stopi in postane gladka.
Dodamo maslo, sesekljane orehe in javorjev sirup. Mešajte, dokler ni popolnoma vključena.
Skledo pokrijte s plastično folijo in postavite v hladilnik za vsaj 2 uri ali dokler se ne strdi.
S čajno žličko ali majhno zajemalko razdelite ganache in ga razvaljajte v kroglice.
Bonbone povaljajte v sladkorju v prahu ali kakavu v prahu za premaz.
Bonbone do serviranja shranite v hladilniku.

45.Bonboni z arašidovim maslom

SESTAVINE:
- 8 unč temne čokolade, drobno sesekljane
- ½ skodelice težke smetane
- 2 žlici nesoljenega masla, pri sobni temperaturi
- ½ skodelice (125 g) gladkega arašidovega masla
- ½ skodelice zdrobljene preste
- Zdrobljeni arašidi ali preste, za oblaganje

NAVODILA:
a) Narezano temno čokolado dajte v toplotno odporno skledo.
b) V majhni kozici na srednjem ognju segrevajte smetano, dokler ne začne vreti. Odstranite z ognja.
c) Vročo smetano prelijemo čez narezano čokolado in pustimo stati 1-2 minuti.
d) Zmes nežno mešajte, dokler se čokolada popolnoma ne stopi in postane gladka.
e) Dodajte maslo in arašidovo maslo. Mešajte, dokler ni popolnoma vključena.
f) Vmešamo zdrobljene preste.
g) Skledo pokrijte s plastično folijo in postavite v hladilnik za vsaj 2 uri ali dokler se ne strdi.
h) S čajno žličko ali majhno zajemalko razdelite ganache in ga razvaljajte v kroglice.
i) Bonbone povaljajte v zdrobljenih arašidih ali presteh za premaz.
j) Bonbone do uživanja shranite v hladilniku.
k) Uživajte v teh bonbonih z oreščki z njihovimi čudovitimi teksturami in okusi!

46. Karamelni bonboni iz indijskih oreščkov

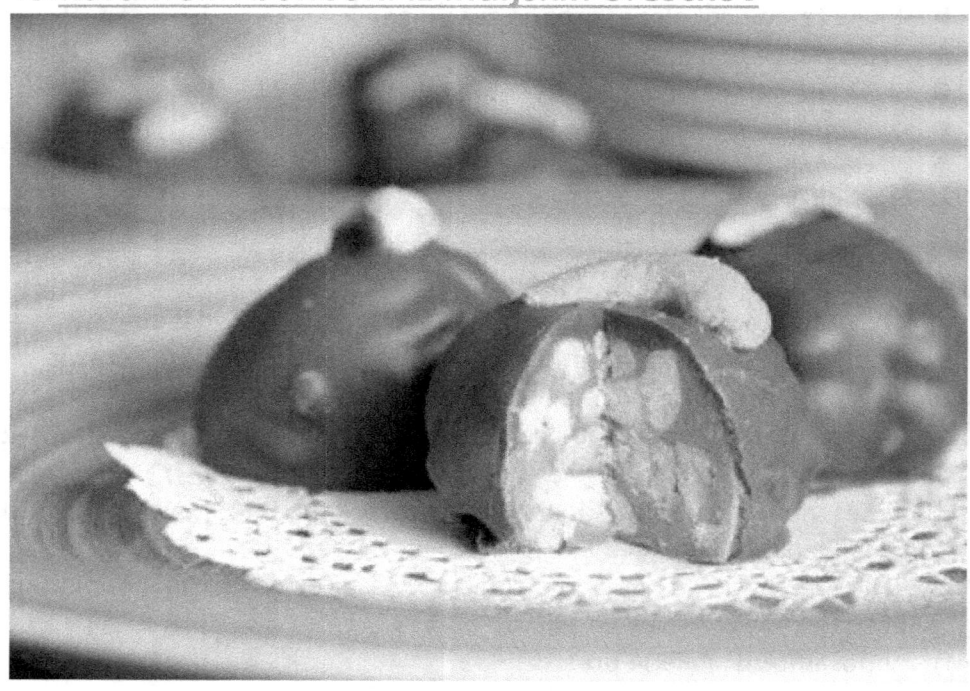

SESTAVINE:
- 8 unč mlečne čokolade, drobno sesekljane
- ½ skodelice težke smetane
- 2 žlici nesoljenega masla, pri sobni temperaturi
- ½ skodelice praženih indijskih oreščkov, drobno sesekljanih
- ¼ skodelice karamelne omake
- Zdrobljeni indijski oreščki ali sladkor v prahu, za oblaganje

NAVODILA:
a) Narezano mlečno čokolado dajte v toplotno odporno skledo.
b) V majhni kozici na srednjem ognju segrevajte smetano, dokler ne začne vreti. Odstranite z ognja.
c) Vročo smetano prelijemo čez narezano čokolado in pustimo stati 1-2 minuti.
d) Zmes nežno mešajte, dokler se čokolada popolnoma ne stopi in postane gladka.
e) Dodajte maslo, sesekljane indijske oreščke in karamelno omako. Mešajte, dokler ni popolnoma vključena.
f) Skledo pokrijte s plastično folijo in postavite v hladilnik za vsaj 2 uri ali dokler se ne strdi.
g) S čajno žličko ali majhno zajemalko razdelite ganache in ga razvaljajte v kroglice.
h) Bonbone povaljajte v zdrobljenih indijskih oreščkih ali sladkorju v prahu.
i) Bonbone do uživanja shranite v hladilniku.

47.Bonboni z belimi čokoladnimi orehi makadamije

SESTAVINE:
- 8 unč bele čokolade, drobno sesekljane
- ½ skodelice težke smetane
- 2 žlici nesoljenega masla, pri sobni temperaturi
- ½ skodelice praženih orehov makadamije, drobno sesekljanih
- ½ čajne žličke vanilijevega ekstrakta
- Bela čokolada ali sladkor v prahu, za obliv

NAVODILA:
a) Narezano belo čokolado dajte v toplotno odporno skledo.
b) V majhni kozici na zmernem ognju segrevajte smetano, dokler ne začne vreti. Odstranite z ognja.
c) Vročo smetano prelijemo čez narezano čokolado in pustimo stati 1-2 minuti.
d) Zmes nežno mešajte, dokler se čokolada popolnoma ne stopi in postane gladka.
e) Dodajte maslo, sesekljane oreščke makadamije in vanilijev ekstrakt. Mešajte, dokler ni popolnoma vključena.
f) Skledo pokrijte s plastično folijo in postavite v hladilnik za vsaj 2 uri ali dokler se ne strdi.
g) S čajno žličko ali majhno zajemalko razdelite ganache in ga razvaljajte v kroglice.
h) Bonbone povaljajte v stopljeni beli čokoladi ali sladkorju v prahu.
i) Bonbone do serviranja shranite v hladilniku.

48.Bonboni Nanaimo

SESTAVINE:
- 1 skodelica temne čokolade, drobno sesekljane
- ½ skodelice težke smetane
- ½ skodelice nesoljenega masla, stopljenega
- ¼ skodelice granuliranega sladkorja
- ¼ skodelice kakava v prahu
- 1 čajna žlička vanilijevega ekstrakta
- 2 skodelici drobtin graham krekerja
- 1 skodelica naribanega kokosa
- ½ skodelice sesekljanih orehov ali pekanov (neobvezno)
- ¼ skodelice nesoljenega masla, zmehčanega
- 2 žlici kreme v prahu ali mešanice za vanilijev puding
- 2 skodelici sladkorja v prahu
- Dodaten kakav v prahu ali nastrgan kokos za valjanje (neobvezno)

NAVODILA:
a) Temno čokolado dajte v toplotno odporno skledo.
b) V majhni kozici na zmernem ognju segrevajte smetano, dokler ne začne vreti. Odstranite z ognja.
c) Vročo smetano prelijemo čez narezano temno čokolado in pustimo stati minuto.
d) Zmes mešamo, dokler se čokolada popolnoma ne stopi in postane gladka.
e) V veliki posodi za mešanje zmešajte stopljeno maslo, granulirani sladkor, kakav v prahu in vanilijev ekstrakt.
f) Mešanici dodajte drobtine graham krekerja, nastrgan kokos in sesekljane oreščke (če jih uporabljate) ter mešajte, dokler se dobro ne združi.
g) V ločeni skledi zmešajte zmehčano maslo in prašek za puding (ali mešanico za vaniljev puding), dokler ne postane gladka.
h) Masleni mešanici postopoma dodajte sladkor v prahu in mešajte, dokler ne nastane gladek nadev.
i) Vzemite žlico čokoladne mešanice in jih sploščite v roki. Na sredino vsakega sploščenega čokoladnega diska položite majhen košček kremnega nadeva.
j) Čokoladno mešanico ovijte okoli nadeva in ga zvijte v kroglico.
k) Neobvezno: Bonbone povaljajte v kakavu v prahu ali nastrganem kokosu, da bodo enakomerno prekriti.
l) Bonbone postavite v nepredušno posodo in ohladite, dokler jih ne postrežete.

49.Bonboni iz pistacije marcipana

SESTAVINE:
- 1 skodelica bele čokolade, drobno sesekljane
- ½ skodelice težke smetane
- 1 skodelica fino mletih pistacij
- ¼ skodelice mandljeve moke ali mletih mandljev
- ¼ skodelice sladkorja v prahu
- ½ čajne žličke mandljevega ekstrakta
- Zelena jedilna barva (neobvezno)
- Zdrobljene pistacije ali sladkor v prahu (za valjanje)

NAVODILA:
a) Belo čokolado dajte v toplotno odporno skledo.
b) V majhni kozici na zmernem ognju segrevajte smetano, dokler ne začne vreti. Odstranite z ognja.
c) Vročo smetano prelijemo čez nasekljano belo čokolado in pustimo stati minuto.
d) Zmes mešamo, dokler se čokolada popolnoma ne stopi in postane gladka.
e) V ločeni skledi zmešajte mlete pistacije, mandljevo moko, sladkor v prahu in mandljev ekstrakt.
f) Postopoma dodajte mešanico pistacij v čokoladno mešanico in mešajte, dokler se dobro ne poveže.
g) Po želji dodajte nekaj kapljic zelene jedilne barve, da dosežete živahno zeleno barvo.
h) Skledo pokrijemo s plastično folijo in postavimo v hladilnik za približno 2 uri oziroma dokler zmes ni čvrsta.
i) Z žličkami zajemamo ohlajeno zmes in zvaljamo majhne kroglice.
j) Bonbone povaljajte v zdrobljenih pistacijah ali sladkorju v prahu, da se enakomerno prekrijejo.
k) Bonbone postavite v nepredušno posodo in ohladite, dokler jih ne postrežete.

PIJAČNI BONBONI

50.Bonboni Creme de Menthe

SESTAVINE:
ZA NADEV:
- 2 skodelici (približno 240 g) sladkorja v prahu
- 2 žlici nesoljenega masla, zmehčanega
- 1 1/2 žlice likerja Creme de Menthe
- 1/2 čajne žličke čistega izvlečka poprove mete
- Zelena jedilna barva (neobvezno)
- 1/4 čajne žličke soli

ZA ČOKOLADNI PRELIV:
- 200 g temne čokolade (približno 65 % kakava), drobno sesekljane
- 20 g masla
- Ščepec soli

NAVODILA:
PRIPRAVITE NADEV:
a) V posodi za mešanje zmešajte sladkor v prahu in zmehčano maslo. Dobro premešajte, dokler ne dobite drobtine.
b) V skledo dodajte liker Creme de Menthe in ekstrakt čiste poprove mete. Če želite, dodajte nekaj kapljic zelene jedilne barve za mint zelen odtenek.
c) Sestavine mešajte, dokler se ne povežejo v gladko, voljno testo. Morda boste morali z rokami zgnetiti mešanico v kroglo.
d) Če je testo preveč lepljivo, lahko dodamo še malo sladkorja v prahu. Če je presuho, dodajte majhno količino likerja Creme de Menthe.
e) Testo razvaljajte v majhne kroglice s premerom približno 1 cm in jih položite na pekač, obložen s peki papirjem.
f) Pladenj postavimo v hladilnik, da se metin nadev strdi, medtem pa pripravljamo čokoladni obliv.
PRIPRAVITE ČOKOLADNI OBLIV:
g) V posodi, primerni za uporabo v mikrovalovni pečici, ali v parnem kotlu stopite 200 g temne čokolade in 20 g masla. Mešajte, dokler zmes ni gladka in dobro združena.
h) Za izboljšanje okusa čokolade dodajte ščepec soli.
PREMAŽITE METIN NADEV:
i) Kroglice z metinim nadevom vzamemo iz hladilnika.
j) Vsako metino kroglico z vilicami ali zobotrebcem pomočite v stopljeno čokolado in se prepričajte, da je v celoti prevlečena.
k) Pustite, da odvečna čokolada odteče, preden obložene metine kroglice položite nazaj na pladenj, obložen s pergamentnim papirjem.
NASTAVITE BONBONE:
l) Pustite, da se s čokolado oblite kroglice z metinim nadevom strdijo na sobni temperaturi. Čokolada se bo strdila, ko se ohladi.
m) Postopek lahko pospešite tudi tako, da pladenj za približno 20 minut postavite v hladilnik.
n) Ko se čokoladna lupina popolnoma strdi, so vaši bonboni Creme de Menthe pripravljeni za uživanje.
o) Shranjujte jih v nepredušni posodi na hladnem, dokler jih ne boste pripravljeni postreči.

51.B izcedek Karamelni bonboni

SESTAVINE:
ZA KARAMELNI NADEV:
- 6,9 unč granuliranega sladkorja
- 2 unči vode
- 2 unči lahkega koruznega sirupa
- 5 unč težke smetane
- 2 žlici masla
- Semena postrgamo iz 1/2 stroka vanilije
- 1/2 čajne žličke soli
- 2 žlici ruma, viskija ali burbona

ZA ČOKOLADNO LUPINO:
- Obarvano kakavovo maslo (neobvezno)
- 16 unč 58% kuverture čokolade
- Morska sol za posipanje

NAVODILA:
PRIPRAVITE KARAMELNI NADEV:
a) V srednje veliki ponvi z debelim dnom zmešajte sladkor, vodo in koruzni sirup ter premešajte. Stene pekača pomijte s čopičem za pecivo, namočenim v čisto vodo, da odstranite kristale sladkorja.
b) Ponev postavite na srednje močan ogenj in kuhajte 7-10 minut, ko začne mešanica temneti. Lonec zavrtite, da se karamelizacija izenači in karamela postane temno jantarna.
c) Umaknite se in previdno dodajte smetano (bodite previdni, saj bo brizgala, narasla in pljunila), nato pa ugasnite ogenj.
d) Ko je varno, zmešajte mešanico, dokler ni gladka.
e) Maslo stepamo toliko časa, da se povsem stopi.
f) Dodajte vanilijeva semena, pijačo in sol ter pustite, da se mešanica popolnoma ohladi.

PRIPRAVITE ČOKOLADNO ŠKOLJKO:
g) Čokolado nasekljajte na zelo majhne koščke in jo enakomerno razdelite v dve skledi (eno zelo veliko in eno majhno). Velika posoda bo namenjena za topljenje čokolade, mala pa vsebuje čokolado s "semeni" za temperiranje.
h) Na štedilnik pristavimo lonec z vodo, da zavre. Ko voda zavre, ugasnite ogenj in postavite večjo posodo s čokolado nad vročo vodo, da se stopi.
i) Z mešanjem temperirajte čokolado, da se segreje na 115 °F (46 °C).

j) Začnite po malem dodajati prihranjeno čokolado in mešanico močno mešajte, ne da bi se ustavili.
k) Še naprej dodajajte rezervirano čokolado s semeni in mešajte, dokler se temperatura čokolade ne zniža na 90 °F (32 °C). Čokolada je zdaj temperirana. Prepričajte se, da v skledi ne ostanejo trdi koščki čokolade.

SESTAVITE BONBONE:
l) Model za bonbone nekoliko segrejte tako, da ga pomakate nad ognjem na štedilniku ali ga za trenutek postavite v toplo pečico. To bo pomagalo, da se bo čokolada stekla po njej, ne da bi se takoj prijela, ko zadene kalup, in preprečila nastajanje zračnih mehurčkov.
m) V vsako vdolbino v modelu vlijemo čokolado. Pustite stati 10 sekund, nato obrnite model nad skledo, da odvečna čokolada odteče.
n) Potrkajte po modelu, da stresete dodaten odvečni del, nato pa model obrnite nazaj.
o) Z upogljivim kovinskim strgalom postrgajte po vrhu, da očistite odvečno čokolado.
p) Model postavimo v hladilnik za 2-3 minute, nato odstranimo.

POLNJENJE BONBONOV:
q) V vsako čokoladno lupino potresemo ščepec morske soli.
r) S pomočjo cevne vrečke z majhno konico ali stožca iz pergamenta vnesite ohlajeno karamelo v lupine in se ustavite 3-4 milimetre pod robom, da pustite prostor za tesnjenje.
s) Prepričajte se, da je čokolada še temperirana. Če ne, ga boste morda morali vrniti na 115 °F in nato znižati na 90 °F.
t) Vrhove vsakega bonbona nalepite ali prelijte s čokolado.
u) Postrgajte po vrhu, da ustvarite tesnilo, nato postavite kalup v hladilnik za 2-3 minute.
v) Zasukajte model, da sprostite čokolade, ga obrnite na glavo in jih potolčite iz modela.
w) Očistite delovno površino bonbonov in z modelom udarite po pultu, da sprostite preostale bonbone.
x) Čokolade hranite na hladnem in suhem mestu.

52.Boozy Bonbon iz arašidovega masla

SESTAVINE:
ZA NADEV IZ ARAŠIDOVEGA MASLA:
- 1 skodelica gladkega arašidovega masla
- 2 žlici burbona (ali po vaši izbiri)
- 2 žlici sladkorja v prahu
- 1/4 skodelice drobtin graham krekerja
- Ščepec soli

ZA ČOKOLADNI PRELIV:
- 12 unč polsladke čokolade, sesekljane
- 2 žlici masla

NAVODILA:
a) V skledi za mešanje zmešajte gladko arašidovo maslo, bourbon (ali vašo najljubšo žgano pijačo), sladkor v prahu, drobtine graham krekerja in ščepec soli. Mešajte, dokler se vse sestavine dobro ne povežejo.

b) Vzemite majhne porcije mešanice arašidovega masla in jih razvaljajte v kroglice velikosti grižljaja. Kroglice položite na pekač, obložen s pergamentom, in jih za približno 15-20 minut ohladite v hladilniku, da se strdijo.

c) Medtem ko se kroglice arašidovega masla ohlajajo, pripravimo čokoladni obliv. V posodi, primerni za mikrovalovno pečico, zmešajte narezano polsladko čokolado in maslo. Segrevajte v mikrovalovni pečici v 30-sekundnih intervalih in med vsakim mešajte, dokler se čokolada popolnoma ne stopi in postane gladka.

d) Z vilicami ali orodjem za namakanje čokolade pomočite vsako kroglico arašidovega masla v stopljeno čokolado in se prepričajte, da je v celoti prekrita. Pustite, da odvečna čokolada odteče nazaj v skledo.

e) S čokolado oblite bonbone iz arašidovega masla položite nazaj na s pergamentom obložen pekač.

f) Po želji lahko na vsak bonbon, preden se čokoladni obliv strdi, potresete nekaj sesekljanih arašidov, morske soli ali okrasnih prelivov.

g) Pustite, da se bonboni ohladijo in postavite v hladilnik za približno 30 minut oziroma dokler se čokoladna lupina ne strdi.

h) Ko se čokolada popolnoma strdi, so vaši Boozy bonboni z arašidovim maslom pripravljeni za uživanje. Postrezite jih kot sladko poslastico ali čudovito sladico s pridihom pijanega okusa.

53.Margarita Bonbon roj

SESTAVINE:
ZA NADEV MARGARITA:
- 1/4 skodelice tekile
- 2 žlici triple sec (pomarančni liker)
- 2 žlici svežega limetinega soka
- 2 žlici sladkorja v prahu
- Lupina ene limete
- Ščepec soli

ZA PRELIV IZ BELE ČOKOLADE:
- 8 unč bele čokolade, sesekljane
- 1 žlica nesoljenega masla
- Ščepec morske soli

NAVODILA:
a) V skledi za mešanje zmešajte tekilo, triple sec, svež limetin sok, sladkor v prahu, limetino lupinico in ščepec soli. Mešajte, dokler se vse sestavine dobro ne premešajo. Okusite in po želji prilagodite sladkost ali pikantnost.

b) Zmes za margarito razvaljajte v majhne kroglice v velikosti grižljaja in jih položite na pekač, obložen s pergamentom. Ohladite jih v hladilniku približno 15-20 minut, da se strdijo.

c) Medtem ko se kroglice margarite ohlajajo, pripravimo obliv iz bele čokolade. V skledi, primerni za mikrovalovno pečico, zmešajte na koščke narezano belo čokolado in maslo. Segrevajte v mikrovalovni pečici v 30-sekundnih intervalih in med vsakim mešajte, dokler se čokolada popolnoma ne stopi in postane gladka. Pazite, da čokolade ne pregrejete.

d) Z vilicami ali orodjem za namakanje čokolade pomočite vsako kroglico margarite v stopljeno belo čokolado in se prepričajte, da je v celoti prekrita. Pustite, da odvečna čokolada odteče nazaj v skledo.

e) Z belo čokolado oblite margarite bonbone položite nazaj na s pergamentom obložen pekač.

f) Pustite, da se bonboni ohladijo in postavite v hladilnik za približno 30 minut oziroma toliko časa, da se lupina bele čokolade strdi.

g) Ko se čokolada popolnoma strdi, so vaši bonboni Boozy Margarita pripravljeni za uživanje. Te sladke in pikantne dobrote vsebujejo čudovit okus margarite s pridihom pijače.

54. Breskov Bourbon Bonbon

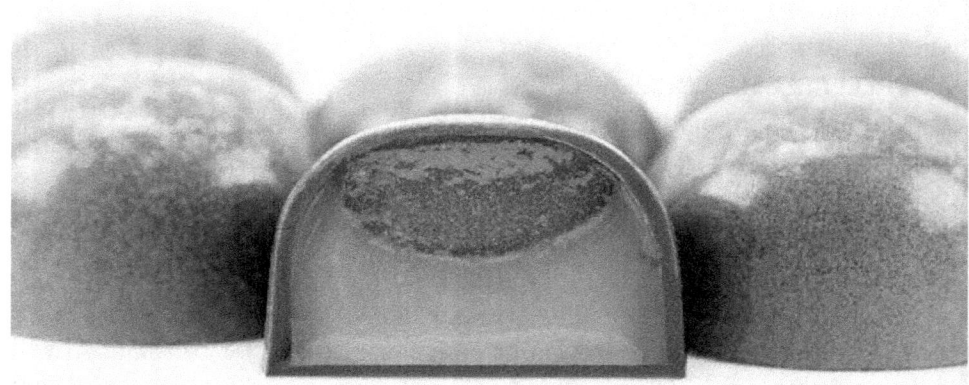

SESTAVINE:
ZA BRESKVIN BOURBON NADEV:
- 1/2 skodelice zrelih breskev, olupljenih in na drobno narezanih
- 2 žlici burbona
- 1 žlica sladkorja v prahu
- 1/4 čajne žličke vanilijevega ekstrakta
- Ščepec soli

ZA PRELIV IZ TEMNE ČOKOLADE:
- 8 unč temne čokolade, sesekljane
- 1 žlica nesoljenega masla

NAVODILA:
a) V posodi za mešanje zmešajte na drobne kocke narezane zrele breskve, burbon, sladkor v prahu, vanilijev ekstrakt in ščepec soli. Mešajte, dokler se sestavine dobro ne povežejo in ima zmes dobro ravnovesje med sladkostjo in okusom burbona.

b) Mešanico breskovega burbona razvaljajte v majhne, za grižljaj velike kroglice in jih položite na pekač, obložen s pergamentom. Ohladite jih v hladilniku približno 15-20 minut, da se strdijo.

c) Medtem ko se kroglice breskovega burbona ohlajajo, pripravite obliv iz temne čokolade. V skledi, primerni za mikrovalovno pečico, zmešajte na koščke narezano temno čokolado in maslo. Segrevajte v mikrovalovni pečici v 30-sekundnih intervalih in med vsakim mešajte, dokler se čokolada popolnoma ne stopi in postane gladka. Pazimo, da se čokolada ne pregreje.

d) Z vilicami ali orodjem za namakanje čokolade pomočite vsako kroglico breskovega bourbona v stopljeno temno čokolado in se prepričajte, da je v celoti prevlečena. Pustite, da odvečna čokolada odteče nazaj v skledo.

e) S temno čokolado oblite breskove burbonske bonbone položite nazaj na s pergamentom obložen pekač.

f) Pustite, da se bonboni ohladijo in postavite v hladilnik za približno 30 minut oziroma dokler se lupina temne čokolade ne strdi.

55.Češnje oblite s temno čokolado

SESTAVINE:
- 40 unč odcejenih češenj maraskino s peclji
- 1 ¾ skodelice začinjenega ruma bolj ali manj, da prekrije češnje
- 1 ½ skodelice temne čokolade
- 1 čajna žlička masti ni obvezna, morda ne bo potrebna
- ½ skodelice peskanega sladkorja

NAVODILA:
a) Češnje odcedite, sok pa prihranite za drug namen. Ne bo uporabljen v tem receptu, je pa odličen za koktajle in drugo.
b) Češnje položite v literski kozarec ali drugo posodo. Povsem prelijemo z začinjenim rumom. Zaprite in hranite v hladilniku vsaj 24 ur, največ 72 ur. Dlje kot bodo češnje ležale v rumu, močnejšega okusa bodo.
c) Nato odcedimo z rumom namočene češnje. Obdržite ta češnjev rum. ZELO dober je za koktajle. Češnje za 10 minut položite na plasti papirnatih brisač. Ta korak zagotavlja, da se čokoladni obliv oprime sadja.
d) Pladenj ali krožnik obložite s pergamentnim papirjem. Okrasni sladkor damo v plitvo posodo ali skledo.
e) Stopite temno čokolado po navodilih na embalaži. Uporabite majhno skledo, ki je dovolj globoka, da vanjo potopite češnje.
f) Če je čokolada pregosta, vmešajte približno čajno žličko masti, dokler se ne stopi in postane čokolada gladka.
g) Medtem ko je čokolada topla, eno za drugo pomakamo češnje. Najprej potopite v čokolado in nato v sladkor.
h) Namočene češnje položite na pripravljen pergament. Ko potopite vse češnje, jih ohladite, dokler se strdijo.

56.Horchata tartuf iz bele čokolade

SESTAVINE:
- 1 skodelica presejane mešanice za francosko vanilijevo torto
- ¼ čajne žličke mletega cimeta
- 4 unče kremnega sira
- 11 unč vrečka koščkov bele čokolade, razdeljena
- 1 žlica masla
- ⅓ skodelice Chila 'Orchata
- 1 žlica kokosovega olja
- Posipi za dekoracijo

NAVODILA:
a) Z električnim mešalnikom kremasto zmešajte kremni sir in maslo.
b) Polovico koščkov bele čokolade stopite v mikrovalovni pečici in vsakih 30 sekund premešajte, dokler ne postane gladka.
c) V mešalnik dodajte čokolado in jo zmešajte z mešanico kremnega sira. Dodajte chila rum.
d) Z mešalnikom presejte mešanico za torto v ločeno skledo, da odstranite vse grudice.
e) Mešanici za torto vmešajte cimet.
f) Počasi dodajajte suhe sestavine v skledo mešalnika in mešajte, da se povežejo.
g) To mešanico hladite nekaj ur, da se nadev strdi.
h) Z majhno zajemalko naredite kroglico nadeva. Z roko jih povaljajte v kroglice (lahko je lepljivo, a nič hudega) in nato povaljajte v sladkorju v prahu. Zamrznite za 30 minut.
i) Odstranite jih iz zamrzovalnika in po želji preoblikujte kroglice.
j) Drugo polovico koščkov bele čokolade pogrejte v mikrovalovni pečici z 1 žlico kokosovega olja in mešajte vsakih 30 sekund, dokler ne postane gladka.
k) Z žlico potopite kroglice v čokoladni obliv in jih dobro premažite.
l) Prenesite jih na pekač, obložen s papirjem za peko, in takoj dodajte posipe in okraske.
m) Za kratek čas jih postavimo nazaj v zamrzovalnik, da se strdijo.
n) Kroglice postrezite v skodelicah za sladkarije. Uživajte!

57. Bonboni s kokosovim rumom

SESTAVINE:
- 8 unč temne čokolade, drobno sesekljane
- ½ skodelice težke smetane
- 2 žlici nesoljenega masla, pri sobni temperaturi
- ¼ skodelice naribanega kokosa
- 2 žlici ruma
- Praženi kokosovi kosmiči, za oblaganje

NAVODILA:
a) Narezano temno čokolado dajte v toplotno odporno skledo.
b) V majhni kozici na srednjem ognju segrevajte smetano, dokler ne začne vreti. Odstranite z ognja.
c) Vročo smetano prelijemo čez narezano čokolado in pustimo stati 1-2 minuti.
d) Zmes nežno mešajte, dokler se čokolada popolnoma ne stopi in postane gladka.
e) Dodamo maslo, nastrgan kokos in rum. Mešajte, dokler ni popolnoma vključena.
f) Skledo pokrijte s plastično folijo in postavite v hladilnik za vsaj 2 uri ali dokler se ne strdi.
g) S čajno žličko ali majhno zajemalko razdelite ganache in ga razvaljajte v kroglice.
h) Bonbone povaljajte v praženih kokosovih kosmičih za premaz.
i) Bonbone do serviranja shranite v hladilniku.

58. Malinovi bonboni iz bele čokolade

SESTAVINE:
- 200 g bele čokolade
- 50 g težke smetane
- 10 g liofiliziranih malin
- dodatne liofilizirane maline za oblaganje

NAVODILA:
a) Liofilizirane maline zmeljemo v prah.
b) Prašek vsaj enkrat presejte, da odstranite semena
c) Belo čokolado nasekljajte na majhne koščke.
d) V mikrovalovni pečici segrejte smetano, dokler ni vroča. Ne zavrite!
e) Vročo smetano prelijemo čez čokolado in pustimo stati nekaj minut.
f) Dodajte sadni prah in mešajte, dokler se dobro ne združi. Uporabite več prahu za močnejši okus maline in globljo barvo.
g) Po potrebi v mikrovalovni pečici v 5-sekundnih intervalih, dokler se popolnoma ne stopi in postane gladka.
h) Ohladimo na sobno temperaturo.
i) Majhne kroglice zajemajte na obložen pekač in jih ohladite.
j) Vsako kroglico razvaljajte med dlanmi, dokler ni gladka.
k) Vsako oblikovano kroglico povaljajte v preostalem sadnem prahu, dokler ni popolnoma prekrita. Nežno premešajte med prsti, da otresete odvečni puder. Še nekajkrat povaljajte, da zagotovite, da se prašek popolnoma prilepi na čokolado.
l) Postrezite pri sobni temperaturi.

59.Boozy Oreo bonboni

SESTAVINE:
- 3 skodelice piškotnih drobtin Oreo
- 1 skodelica sladkorja v prahu
- ⅓ skodelice kremnega likerja
- 2 žlici svetlega koruznega sirupa
- kakav v prahu, za premazovanje

NAVODILA:
a) Vse sestavine zmešajte v veliki skledi.
b) Razvaljajte v 1-palčne kroglice.
c) Premažemo s kakavom v prahu.
d) Hladite nekaj ur ali čez noč.

60.bonboni Amaretto

SESTAVINE:
ZA ČOKOLADNE BONBONE AMARETTO:
- 2⅔ skodelice polsladke čokolade, drobno sesekljane
- 1 skodelica težke smetane
- 1 čajna žlička mandljevega ekstrakta
- 2 in ½ žlice likerja Amaretto
- 6 žlic nesoljenega masla, narezanega na majhne kocke

ZA ČOKOLADNI PRELIV:
- 2⅔ skodelice polsladke čokolade, drobno sesekljane
- ¼ skodelice mandlja, grobo sesekljanega

NAVODILA:
ZA ČOKOLADNE BONBONE AMARETTO:
a) Narezano čokolado dajte v srednje veliko toplotno odporno skledo in jo odstavite.
b) V manjši kozici na zmernem ognju zavremo smetano. Ko začne vreti, smetano odstavimo z ognja.
c) Smetano prelijte čez sesekljano čokolado in pustite, da se zmes nedotaknjena sedi minuto. Stepajte gladko. Vmešajte mandljev izvleček, amaretto in maslo ter močno mešajte, dokler ni gladka in sijoča.
d) Odstavimo in ohladimo na sobno temperaturo. Tesno pokrijte skledo s plastično folijo in jo postavite v hladilnik za 2 uri ali dokler ni dovolj čvrsta, da jo lahko zajemate.
e) Preden začnete zvijati bonbone, se prepričajte, da imate v hladilniku dovolj prostora za oba pekača; Bonboni se morajo ponovno ohladiti, preden jih potopite v čokoladni obliv.

KOTALITI, VRTETI:
f) Dva velika pekača obložite s pergamentnim papirjem in ju postavite na stran.
g) Zajemite približno 3 čajne žličke tartufovega nadeva in ga na hitro razvaljajte med dlanmi, da oblikujete kroglico. Prenesite na pripravljen pekač in ponovite z vsemi bonboni. Zvite bonbone hladite vsaj 20 minut, preden jih pomočite v čokolado.
h) Medtem lahko čokolado temperirate.

ZA ČOKOLADNI PRELIV:
i) Srednji lonec do ene tretjine napolnite z vodo in na srednjem ognju počasi vrejte. Na vrh ponve postavite toplotno odporno skledo, ki se bo tesno prilegala ponvi, vendar se ne bo dotikala vrele vode. Ogenj

zmanjšamo na nizko in v posodo damo dve tretjini čokolade . V čokolado položite termometer za sladkarije in pustite, da se stopi, ob pogostem mešanju s silikonsko lopatko. * Temperatura čokolade naj ne preseže 120 °F.

j)   Ko se čokolada povsem stopi, posodo odstavimo z ognja, vendar pustimo lonec z vrelo vodo na gorilniku. Obrišite dno posode, da odstranite morebitno kondenzacijo.

k)   Po malem vmešajte preostalo čokolado in pustite, da se tisto, kar ste dodali, popolnoma stopi, preden dodate več.

l)   Odstavite in pustite, da se čokolada ohladi na 82 °F. Ko se čokolada segreje na 82 °F, jo postavite nazaj na vrelo vodo in ponovno segrejte na temperaturo med 88 °F in 91 °F. Odstranite posodo z ognja, ko dosežete pravo temperaturo. Čokolada mora biti gladka in sijoča, brez madežev.

m)   Z vilicami ali lopatico za sladkarije pomočite vsak tartuf v čokolado in pustite, da odvečna čokolada kaplja nazaj v skledo, preden jo prestavite nazaj na pekač, obložen s pergamentnim papirjem. Vsak tartuf potresemo s sesekljanimi mandlji.

n)   Odstavite in pustite, da se čokolada strdi, preden jo postrežete približno 1 uro. Shranjujte v npredušni posodi pri sobni temperaturi do 1 tedna.

61.Bonboni Grand Marnier

SESTAVINE:
- 1 funt drobno narezane temne čokolade
- 1 skodelica težke smetane ali smetane za stepanje
- 6 žlic nesoljenega masla sobne temperature, narezanega na kocke
- ¼ skodelice Grand Marnier
- ½ skodelice presejanega kakava v prahu

NAVODILA:
a) Narezano čokolado dajte v srednje veliko toplotno odporno skledo. Pustite na stran, dokler ni potrebno.
b) V manjši kozici na zmernem ognju zavremo smetano. Takoj, ko začne vreti, smetano odstavimo z ognja.
c) Vročo smetano prelijte čez sesekljano čokolado in pustite, da se zmes nedotaknjena sedi minuto. Nato stepamo do gladkega.
d) Vmešajte maslo in Grand Marnier ter močno stepajte, dokler ni gladka in sijoča.
e) Odstavimo in ohladimo na sobno temperaturo. Nato skledo tesno pokrijte s plastično folijo in jo postavite v hladilnik za 2 uri in pol ali dokler ni dovolj čvrsta, da jo lahko zajemate.
f) Kakav v prahu dajte v široko plitvo posodo in odstavite.

SESTAVLJANJE:
g) Preden začnete, poskrbite, da imate v hladilniku dovolj prostora za oba pekača, saj se morajo bonboni znova ohladiti, preden jih potopite v čokoladni obliv.
h) Dva velika pekača obložite s pergamentnim papirjem in ju postavite na stran.
i) Odmerite 2 čajni žlički tartufovega nadeva in ga na hitro razvaljajte med dlanmi, da oblikujete kroglico. Prenesite na pripravljen pekač in ponovite z vsemi bonboni. Zvite bonbone hladite vsaj 1 uro, preden jih pomočite v čokolado. Ali pa takoj povaljajte v kakavu v prahu in nato ohladite.
j) Za pomako vzemite ohlajene bonbone iz hladilnika. Z vilicami ali lopatico za sladkarije pomočite vsak tartuf v čokolado, nato ga dvignite nad skledo in pustite, da odvečna čokolada odteče nazaj v skledo, preden jo znova potopite vanjo, nato pa jo dvignite in pustite, da odvečna čokolada kaplja nazaj v skledo. skleda. Ko je tartuf dvakrat potopljen, ga previdno prenesite nazaj na pekač, obložen s peki papirjem.
k) Vrh vsakega tartufa potresemo z malo zdrobljene morske soli.
l) Odstavite in pustite, da se čokolada strdi, preden jo postrežete približno 1 uro. Shranjujte v nepredušni posodi pri sobni temperaturi do 1 tedna.

62.Bonboni Kahlua

SESTAVINE:
BONBONI
- ½ funta mlečne čokolade
- ½ funta temne čokolade
- ½ skodelice težke smetane
- 2 žlički instant kave v prahu
- 2 žlici Kahlua

ČOKOLADA ZA POMAKANJE
- 1 ½ skodelice temne čokolade
- 2 žlici Crisco
- Preliv iz temne čokolade (neobvezno)
- 3,4 unče ploščice temne čokolade
- Preliv iz bele čokolade
- 3,4 unče tablice bele čokolade

NAVODILA:

a) V veliko merilno skodelico s 4 skodelicami dajte temno in mlečno čokolado. Dodajte smetano in kavni prah ter postavite v mikrovalovno pečico. Kuhajte na visoki temperaturi v 30-sekundnih korakih, dokler se skoraj ne stopi. Mešajte, da se preostali čips stopi. Običajno traja približno 1 minuto.

b) Čokoladi dodajte Kahlua, premešajte in zmes postavite v zamrzovalnik za približno 2 uri.

c) Pekač za piškote obložite z voščenim papirjem. Čokolado vzamemo iz zamrzovalnika in iz nje izdolbemo zvrhano čajno žličko ter jo med dlanmi povaljamo v kroglico. Postavite na piškotni list. Nadaljujte s preostalo čokolado. Ponovno postavite v hladilnik/zamrzovalnik, medtem ko stopite čokolado.

d) Za pripravo čokolade za namakanje: dajte čokoladne koščke in Crisco v merilno skodelico za 2 skodelici in kuhajte pri visoki temperaturi v mikrovalovni pečici v korakih po 30 sekund, dokler se skoraj ne stopita. Mešajte, da se preostali čips stopi. Trajalo naj bi manj kot 1 minuto.

e) Bonbone vzamemo iz hladilnika in vsakega posebej pomočimo v stopljeno čokolado. (Uporabljam samo prste, lahko pa tudi žlico ali zobotrebec) Takoj položite nazaj na piškotni list in videli boste, kako se čokolada začne strjevati in sijati. Končajte s pomakanjem preostalih bonbonov.

f) Če želite pokapati s temno čokolado (neobvezno), položite čokoladne koščke v majhno plastično vrečko, ki jo je mogoče zapreti. Postavite v skledo z zelo vročo vodo. Stopilo se bo v zelo kratkem času. Pregnetite s prsti, da se zmes zgladi, nato pa v enem kotu vrečke izrežite zelo majhno luknjico in čez namočene bonbone iztisnite tanke črte čokolade.

g) Če želite preliti z belo čokolado, položite kvadratke bele čokolade v majhno plastično vrečko, ki jo je mogoče zapreti. in sledite navodilom za preliv temne čokolade.

h) Bonbone postavite nazaj v hladilnik, da se strdijo, nato jih odstranite v pokrito posodo in shranite v hladilniku.

63. Praznični bonboni s pijačo

SESTAVINE:
- 10-unčna vrečka kakovostnih koščkov temne čokolade
- 2 žlici masla, narezanega na majhne koščke
- ½ skodelice + 1 žlica težke smetane
- Posip za preliv
- 3 žlice žgane pijače po vaši izbiri
- 1 žlica pomarančne lupinice

NAVODILA:
a) V skledo stoječega mešalnika, opremljenega z nastavkom za stepanje, položite 10 unč čokoladnih koščkov.
b) V majhni ponvi zmešajte ½ skodelice plus 1 žlico težke smetane in 2 žlici masla.
c) Segrevajte na srednjem ognju in pogosto mešajte, dokler se maslo ne stopi in mešanica zavre. Takoj prelijemo čez čokolado in pustimo stati 2 minuti, da se čokolada zmehča.
d) Čokolado stepamo na nizki ravni, dokler se ne začne topiti, s tem ko se čokolada stopi, stopnjujemo hitrost. Ko je čokolada popolnoma stopljena in puhasta, dodajte 1 žlico pomarančne lupinice (če uporabljate) in 3 žlice pijače po vaši izbiri.
e) Čokoladno mešanico postavimo v hladilnik in ohladimo, dokler se ne strdi (približno 3 ure).
f) Z zajemalko za kroglice za melono zajemajte čokoladno mešanico in jo razvaljajte v kroglice. Postavite na pekač, obložen s pergamentom.
g) Zaključite s prelivom po vaši izbiri.

64.Bonboni Bourbon Pecan

SESTAVINE:
- 1 skodelica temne čokolade, drobno sesekljane
- ½ skodelice težke smetane
- 2 žlici burbona
- 1 skodelica pekanov, drobno sesekljanih
- ¼ skodelice sladkorja v prahu
- Kakav v prahu ali zdrobljeni pekan orehi za valjanje

NAVODILA:
a) Temno čokolado dajte v toplotno odporno skledo.
b) V majhni kozici na zmernem ognju segrevajte smetano, dokler ne začne vreti. Odstranite z ognja.
c) Vročo smetano prelijemo čez narezano temno čokolado in pustimo stati minuto.
d) Zmes mešamo, dokler se čokolada popolnoma ne stopi in postane gladka.
e) Čokoladni mešanici dodajte bourbon in drobno sesekljane pekan orehe. Mešajte, dokler se dobro ne poveže.
f) Skledo pokrijemo s plastično folijo in postavimo v hladilnik za približno 2 uri oziroma dokler zmes ni čvrsta.
g) Z žličkami zajemamo ohlajeno zmes in zvaljamo majhne kroglice.
h) Bonbone povaljajte v kakavu v prahu ali zdrobljenih pekan orehih, da jih enakomerno prekrijete.
i) Bonbone postavite v nepredušno posodo in ohladite, dokler jih ne postrežete.
j) Uživajte v bogatih in okusnih Bourbon Pecan Bonbonih!

65.Bonboni za šampanjec

SESTAVINE:
- 1 skodelica temne čokolade, drobno sesekljane
- ½ skodelice težke smetane
- ¼ skodelice šampanjca
- 2 žlici nesoljenega masla, zmehčanega
- Kakav v prahu ali sladkor v prahu za valjanje

NAVODILA:
a) Temno čokolado dajte v toplotno odporno skledo.
b) V majhni kozici na zmernem ognju segrevajte smetano, dokler ne začne vreti. Odstranite z ognja.
c) Vročo smetano prelijemo čez narezano temno čokolado in pustimo stati minuto.
d) Zmes mešamo, dokler se čokolada popolnoma ne stopi in postane gladka.
e) Čokoladni zmesi dodamo šampanjec in zmehčano maslo. Mešajte, dokler se dobro ne poveže.
f) Skledo pokrijemo s plastično folijo in postavimo v hladilnik za približno 2 uri oziroma dokler zmes ni čvrsta.
g) Z žličkami zajemamo ohlajeno zmes in zvaljamo majhne kroglice.
h) Bonbone povaljajte v kakavu ali sladkorju v prahu, da so enakomerno prekriti.
i) Bonbone postavite v nepredušno posodo in ohladite, dokler jih ne postrežete.

66. Čokoladni bonboni

SESTAVINE:
- 8 unč temne čokolade, drobno sesekljane
- 1/2 skodelice težke smetane
- 2 žlici nesoljenega masla
- 2 žlici čokoladnega likerja
- Kakav v prahu, sladkor v prahu ali zdrobljeni oreščki za valjanje

NAVODILA:
a) Drobno narezano temno čokolado dajte v toplotno odporno skledo.
b) V majhni kozici segrevajte smetano in maslo na zmernem ognju, dokler ne začne vreti. Odstranite z ognja.
c) Zmes vroče smetane prelijemo čez narezano čokolado. Pustimo minuto ali dve, da se čokolada zmehča.
d) Mešanico nežno mešajte, dokler se čokolada popolnoma ne stopi in zmes ni gladka in dobro združena.
e) V čokoladno mešanico dodajte pijačo po vaši izbiri in mešajte, dokler se popolnoma ne prepoji. Žgana pijača bo Bonbonom dodala okus in pridih alkohola.
f) Skledo pokrijte s plastično folijo in postavite v hladilnik za približno 2-3 ure ali dokler zmes ni dovolj čvrsta, da jo lahko obvladate.
g) Ko se čokoladna mešanica ohladi in strdi, jo vzemite iz hladilnika. S čajno žličko ali majhno zajemalko razdelite majhne količine zmesi in jih med dlanmi povaljajte v kroglice. Zvite bonbone položite na s pergamentom obložen pekač ali krožnik.
h) Na tej točki se lahko odločite, da bonbone povaljate v kakavu v prahu, sladkorju v prahu ali zdrobljenih oreščkih, da jih obložite. Ta korak ni obvezen, vendar doda prijeten pridih in dodaten okus.
i) Ko so bonboni zviti, jih vrnite v hladilnik za približno 30 minut, da se ponovno strdijo.
j) Po ohlajanju so bonboni pripravljeni za uživanje. Shranjujte jih v nepredušni posodi v hladilniku do enega tedna.

ZAČIMBENI BONBONI

67. Začinjeni bonboni s pralinami

SESTAVINE:
ZAČIMBENE PRALINE:
- 6,2 oz sladkorja
- 1,8 oz vode
- 17,6 oz praženih celih mandljev
- 0,28 oz kakavovega masla
- Masala začimbe
- Muškatni oreššček v prahu

LEŠNIKOV NADEV PRALINE
- 7 oz praženih lešnikov
- 7 oz sladkorja

ENROBIRANJE
- Mlečna čokolada

NAVODILA:
ZAČIMBENE PRALINE:
a) V ponvi kuhajte sladkor in vodo, dokler ne doseže 100 °C (212 °F).
b) Dodajte pražene cele mandlje in dobro mešajte, dokler se sladkor ne strdi in ponovno kristalizira okoli mandljev.
c) Nadaljujte s segrevanjem, dokler sladkor popolnoma ne karamelizira okoli mandljev.
d) Dodajte kakavovo maslo Mycryo®, ki bo karamelo zaščitilo pred vlago.
e) Dodajte začimbe Masala in nadaljujte z mešanjem.
f) Zmes vlijemo na pladenj, obložen s silikonsko podlogo, in pustimo, da se ohladi na 18-20 °C (64-68 °F).
g) Ko se zmes ohladi, jo prestavimo v kuhinjski robot in mešamo dokler ne dobimo gladkega in rahlo zrnatega pralineja. Ponovno pustite, da se ohladi na 18–20 °C (64–68 °F).

LEŠNIKOV NADEV PRALINE
h) V ponvi na zmernem ognju karamelizirajte sladkor, dokler se ne spremeni v zlato rjavo tekočino.
i) Pražene lešnike dodamo karameliziranemu sladkorju in na hitro premešamo, da se lešniki enakomerno prekrijejo.
j) Zmes vlijemo na silikonsko podlogo ali peki papir in pustimo, da se popolnoma ohladi.
k) Ohlajene lešnikove praline nalomite na majhne koščke in jih prestavite v kuhinjski robot.

l) Praline obdelajte v kuhinjskem robotu, dokler se ne spremeni v gladko pasto.
m) Nadev iz lešnikovih pralin odložite za uporabo v naslednji komponenti.

IZREZ IN GLAFIRANJE

n) Vzemite 200 g (7 oz) začinjene praline in nadeva iz lešnikove praline in ju zmešajte, dokler se dobro ne premešata. To bo vaš nadev za bonbone.
o) Kombinirano zmes za praline oblikujte v majhne, enako velike kroglice ali sredice bonbonov. Položite jih na pekač, obložen s pergamentnim papirjem.
p) Temperirajte mlečno čokolado za oblivanje po vaši priljubljeni metodi temperiranja. Prepričajte se, da je na pravi temperaturi za namakanje.
q) Z vilicami ali žlico pomočite vsako bonbonsko sredico v temperirano mlečno čokolado, tako da je popolnoma prevlečena.
r) Obložene bonbone položite nazaj na pergamentni papir in pustite, da se strdijo.
s) Ko se čokoladni obliv strdi, so vaši začinjeni bonboni s pralinami pripravljeni za uživanje!

68. Čokoladni bonboni z bučnimi začimbami

SESTAVINE:
- 1/4 skodelice pire sladkega krompirja
- 1/4 skodelice masla
- 2 žlici sladkorja v prahu
- 1 1/2 žličke začimbe za bučno pito
- Nekaj kapljic naravne oranžne jedilne barve
- 300 gramov kakovostne temne čokolade

NAVODILA:
a) Začnite s topljenjem temne čokolade. Čokolado nalomimo na koščke in jo damo v srednje veliko skledo. Majhno ponev napolnite s približno dva centimetra vode in jo pri nizki temperaturi zavrite.
b) Postavite skledo s čokolado na vrh ponve (z uporabo metode dvojnega kotla). Pazite, da se voda v ponvi ne dotika dna posode. Čokolado občasno mešamo, dokler se popolnoma ne stopi, kar naj traja približno 7-10 minut.
c) Ko se čokolada stopi, napolnite modelčke za čokolado s tanko plastjo, ki prekrije dno. Z majhno žlico, palčko ali majhnim čopičem razmažite nekaj čokolade do polovice stene modela. Ta korak pomaga ustvariti ustrezno tesnilo okoli polnila, da prepreči morebitno puščanje. Modelčke postavimo v hladilnik, da se strdijo.
d) Medtem ko se čokolada strdi, se lotite priprave nadeva. V srednje veliki skledi zmešajte maslo, pire sladki krompir, sladkor v prahu in začimbe za bučno pito. Z ročnim mešalnikom stepamo mešanico, dokler ne postane gladka.
e) Po želji dodajte nekaj kapljic naravnega oranžnega barvila za živila (glejte opombe za navodila za pripravo lastne barve) in mešajte, dokler se dobro ne poveže. Nadev prenesite v cevno vrečko ali vrečko z zadrgo.
f) Model za čokolado vzemite iz hladilnika in v vsak model nalijte nadev, pri čemer pazite, da se nadev ne dotika stranic modela. Vsak model napolnite do približno 3/4 in ga za 10-15 minut postavite v hladilnik.
g) Če se je stopljena čokolada strdila, jo nežno segrevajte na vrhu ponve, dokler se ponovno ne stopi.
h) Ko se stopi, vzamemo model iz hladilnika in vsak model do vrha napolnimo s stopljeno čokolado. Ko jih vse napolnite, z modelom nežno potrkajte po pultu, da odstranite vse zračne mehurčke. Ponovno postavimo v hladilnik za 45 minut oziroma dokler se čokolada ne strdi.
i) Ko se čokolada strdi, bonbone previdno vzemite iz modela. Ko jo uživamo neposredno iz hladilnika, bo čokolada zadovoljivo hrustljala, nadev pa bo rahlo gost. Če imate raje mehkejšo teksturo, jih pustite na sobni temperaturi.
j) Pokrite bonbone hranite v hladilniku do 5 dni in uživajte v čudovitih okusih. Uživajte!"

69. Ancho Chili Bonbon

SESTAVINE:
- 200 gramov temne čokolade (70% kakava ali več)
- 1 čili paprika, posušena
- 1/4 skodelice težke smetane
- 2 žlici nesoljenega masla
- 1 žlica sladkorja v prahu
- 1/2 čajne žličke vanilijevega ekstrakta
- Ščepec soli
- Kakav v prahu, za posipanje

NAVODILA:
PRIPRAVITE INFUZIJO ANČO ČILIJA:
a) Začnite tako, da posušeni ancho čili papriki odstranite steblo in semena. Nato ga narežite na majhne koščke.
b) V manjši kozici na majhnem ognju segrevajte smetano, dokler ne začne vreti. Odstranite z ognja.
c) V vročo smetano položite koščke čilija ancho in jih pustite stati približno 10-15 minut. Ta postopek omogoča, da smetana vpije čilijev okus dima in blago vročino.

USTVARITE GANACHE S ČILIJEVO KREMO:
d) Napolnjeno smetano precedite skozi sito z drobno mrežico, da odstranite koščke čilija. Ostala vam bo krema z okusom.
e) Vrnite smetano, prepojeno s čilijem, v ponev in jo ponovno segrejte, dokler ni vroča, vendar ne vre.
f) V ločeni skledi na drobno nasekljajte temno čokolado in jo položite tja.
g) Vročo smetano prelijemo čez narezano čokolado in pustimo stati minuto, da se čokolada stopi.
h) Mešanico nežno mešajte, dokler ne postane gladek, sijoč ganache.
i) V ganache vmešajte nesoljeno maslo, sladkor v prahu, vanilijev ekstrakt in ščepec soli. Mešajte, dokler se vse dobro ne poveže in ganache postane svilnat.
j) Pustite, da se ganache ohladi na sobni temperaturi, nato pa ga postavite v hladilnik za vsaj eno uro ali dokler ni dovolj trd, da ga lahko obdržite.

OBLIKUJTE IN OBLAŽITE BONBONE:
k) Ko se ganache ohladi in strdi, z žlico ali lopatico za melono zajemajte majhne porcije ganacheja.
l) Vsak del razvaljajte v gladko kroglico in jo položite na pekač, obložen s peki papirjem.
m) Ko oblikujete vse bonbone, jih potresite s kakavom v prahu za žameten videz.
n) Postrezite in uživajte

70.Praznični začimbni bonbon

SESTAVINE:
- 158 g težke smetane
- 21 g soljenega masla
- 19 g invertnega sladkorja
- 67 g glukoze DE 40
- 27 g vode
- 4 žlice mletega cimeta
- 1 žlica mletih nageljnovih žbic
- 1 žlica mlete mace
- 1/3 žličke mletega ingverja
- 1/5 žličke mletega belega popra
- 1/5 žlice mletega kardamoma
- 1/5 žlice mletih koriandrovih semen
- 1/5 žlice mletih janeževih semen
- 1/5 žlice naribanega muškatnega oreščka
- 41 % mlečne čokolade (potrebna količina, narezana)

NAVODILA:

a) Začnite tako, da v kuhinjskem robotu sesekljate mlečno čokolado Henna 41 %.

b) V ponvi zmešajte smetano, vodo, invertni sladkor, osoljeno maslo, začimbe in glukozo.

c) Mešanico segrejte do 82 °C (180 °F).

d) Toplo tekočo zmes prelijemo čez narezano čokolado.

e) Mešanico pokrijte in pustite stati dve minuti.

f) Po namakanju sestavine mešajte 60 sekund.

g) Odprite pokrov in strgajte po robovih mešanice.

h) Mešajte mešanico, da nadzirate temperaturo in zagotovite, da ne preseže 37 °C–38 °C (98 °F–100 °F).

i) Po potrebi mešajte v 15-sekundnih intervalih, da se sestavine popolnoma premešajo.

j) Preverite temperaturo ganacheja, da zagotovite, da ne preseže 37°C–38°C (98°F–100°F).

k) Pripravljen ganache vlijemo v okvir, kalup ali silikonske modelčke.

l) Pustite, da se ganache strdi čez noč, nato pa ga z rezalnikom za žico narežite na želeno velikost.

m) Ganache oblijte s temperirano čokolado.

n) Okrasite bonbone s čokoladnimi okraski Mona Lisa Gingerbread Man za praznični pridih.

71. Ancho čili bonboni

SESTAVINE:
- 2 čajni žlički mletega cimeta
- ⅔ skodelice kreme iz indijskih oreščkov
- 5 žlic masla
- 3 čajne žličke ancho Chile v prahu
- 1 čajna žlička kakava v prahu
- Ščepec soli
- ½ funta grenke sladke čokolade, sesekljane

NAVODILA:
a) Pečico segrejte na 350°F in obložite pekač s pergamentnim papirjem.
b) V srednji ponvi zmešajte kremo iz indijskih oreščkov, 3 žlice masla, 2 žlički ancho čilija v prahu, cimet in sol; zavremo, nato odstavimo z ognja in ohladimo 2 uri.
c) Vrnite ponev na nizko temperaturo.
d) Odstavite z ognja in vmešajte grenko čokolado ter preostali 2 žlici masla.
e) Mešajte 2 do 3 minute ali dokler se čokolada ne stopi in zmes ni gladka.
f) Maso vlijemo v pekač in ohladimo za 4 ure.
g) Z žlico in rokami oblikujte mešanico v 1-palčne kroglice. Hladimo 30 minut.
h) V skledi zmešajte preostali ancho čili v prahu in kakav v prahu ter kroglice povaljajte v prahu.

72. Začinjeni čokoladni bonboni s čilijem

SESTAVINE:
- 8 unč temne čokolade, drobno sesekljane
- ½ skodelice težke smetane
- 2 žlici nesoljenega masla, pri sobni temperaturi
- ½ čajne žličke čilija v prahu (prilagodite okusu)
- ¼ čajne žličke mletega cimeta
- Kakav v prahu, za valjanje

NAVODILA:
a) Narezano temno čokolado dajte v toplotno odporno skledo.
b) V majhni kozici na srednjem ognju segrevajte smetano, dokler ne začne vreti. Odstranite z ognja.
c) Vročo smetano prelijemo čez narezano čokolado in pustimo stati 1-2 minuti.
d) Zmes nežno mešajte, dokler se čokolada popolnoma ne stopi in postane gladka.
e) Dodajte maslo, čili v prahu in mleti cimet. Mešajte, dokler ni popolnoma vključena.
f) Skledo pokrijte s plastično folijo in postavite v hladilnik za vsaj 2 uri ali dokler se ne strdi.
g) S čajno žličko ali majhno zajemalko razdelite ganache in ga razvaljajte v kroglice.
h) Bonbone povaljajte v kakavovem prahu, dokler niso enakomerno prekriti.
i) Bonbone do uživanja shranite v hladilniku.

73. Kardamom Rose Bonboni

SESTAVINE:
- 8 unč temne čokolade, drobno sesekljane
- ½ skodelice težke smetane
- 2 žlici nesoljenega masla, pri sobni temperaturi
- 1 čajna žlička mletega kardamoma
- ½ čajne žličke rožne vode
- Zdrobljene pistacije ali cvetni listi vrtnic, za premaz

NAVODILA:

a) Narezano temno čokolado dajte v toplotno odporno skledo.

b) V majhni kozici na srednjem ognju segrevajte smetano, dokler ne začne vreti. Odstranite z ognja.

c) Vročo smetano prelijemo čez narezano čokolado in pustimo stati 1-2 minuti.

d) Zmes nežno mešajte, dokler se čokolada popolnoma ne stopi in postane gladka.

e) Dodajte maslo, mleti kardamom in rožno vodo. Mešajte, dokler ni popolnoma vključena.

f) Skledo pokrijte s plastično folijo in postavite v hladilnik za vsaj 2 uri ali dokler se ne strdi.

g) S čajno žličko ali majhno zajemalko razdelite ganache in ga razvaljajte v kroglice.

h) Bonbone povaljajte v zdrobljenih pistacijah ali vrtničnih listih, da jih premažete.

i) Bonbone do serviranja shranite v hladilniku.

74. Bonboni z medenjaki

SESTAVINE:
- 8 unč bele čokolade, drobno sesekljane
- ½ skodelice težke smetane
- 2 žlici nesoljenega masla, pri sobni temperaturi
- 1 čajna žlička mletega ingverja
- ½ čajne žličke mletega cimeta
- ¼ čajne žličke mletega muškatnega oreščka
- ¼ čajne žličke mletih nageljnovih žbic
- Zdrobljeni medenjaki, za oblaganje

NAVODILA:
a) Narezano belo čokolado dajte v toplotno odporno skledo.
b) V majhni kozici na srednjem ognju segrevajte smetano, dokler ne začne vreti. Odstranite z ognja.
c) Vročo smetano prelijemo čez narezano čokolado in pustimo stati 1-2 minuti.
d) Zmes nežno mešajte, dokler se čokolada popolnoma ne stopi in postane gladka.
e) Dodajte maslo, mleti ingver, mleti cimet, mleti muškatni oreček in mlete nageljnove žbice. Mešajte, dokler ni popolnoma vključena.
f) Skledo pokrijte s plastično folijo in postavite v hladilnik za vsaj 2 uri ali dokler se ne strdi.
g) S čajno žličko ali majhno zajemalko razdelite ganache in ga razvaljajte v kroglice.
h) Bonbone povaljajte v zdrobljenih medenjakih za premaz.
i) Bonbone do uživanja shranite v hladilniku.

75. Čokoladni bonboni s petimi začimbami

SESTAVINE:
- 8 unč temne čokolade, drobno sesekljane
- ½ skodelice težke smetane
- 2 žlici nesoljenega masla, pri sobni temperaturi
- 1 čajna žlička kitajskih petih začimb v prahu
- Pražena sezamova semena, za oblaganje

NAVODILA:
a) Narezano temno čokolado dajte v toplotno odporno skledo.
b) V majhni kozici na srednjem ognju segrevajte smetano, dokler ne začne vreti. Odstranite z ognja.
c) Vročo smetano prelijemo čez narezano čokolado in pustimo stati 1-2 minuti.
d) Zmes nežno mešajte, dokler se čokolada popolnoma ne stopi in postane gladka.
e) Dodajte maslo in kitajske pet začimb v prahu. Mešajte, dokler ni popolnoma vključena.
f) Skledo pokrijte s plastično folijo in postavite v hladilnik za vsaj 2 uri ali dokler se ne strdi.
g) S čajno žličko ali majhno zajemalko razdelite ganache in ga razvaljajte v kroglice.
h) Bonbone povaljajte v opečenih sezamovih semenih, da jih prekrijete.
i) Bonbone do serviranja shranite v hladilniku.

76.Začinjeni pomarančni bonboni

SESTAVINE:
- 8 unč temne čokolade, drobno sesekljane
- ½ skodelice težke smetane
- 2 žlici nesoljenega masla, pri sobni temperaturi
- Lupina 1 pomaranče
- ½ čajne žličke mletega cimeta
- Kakav v prahu, za valjanje

NAVODILA:
a) Narezano temno čokolado dajte v toplotno odporno skledo.
b) V majhni kozici na srednjem ognju segrevajte smetano, dokler ne začne vreti. Odstranite z ognja.
c) Vročo smetano prelijemo čez narezano čokolado in pustimo stati 1-2 minuti.
d) Zmes nežno mešajte, dokler se čokolada popolnoma ne stopi in postane gladka.
e) Dodajte maslo, pomarančno lupinico in mleti cimet. Mešajte, dokler ni popolnoma vključena.
f) Skledo pokrijte s plastično folijo in postavite v hladilnik za vsaj 2 uri ali dokler se ne strdi.
g) S čajno žličko ali majhno zajemalko razdelite ganache in ga razvaljajte v kroglice.
h) Bonbone povaljajte v kakavovem prahu, dokler niso enakomerno prekriti.
i) Bonbone do uživanja shranite v hladilniku.

BONBONI S SIROM

77. Čokoladni bonboni Cajeta Chèvre

SESTAVINE:
ZA CAJETA CHÈVRE GANACHE:
- 100 g cajete (mehiška karamelna omaka)
- 50 g sira Chèvre (mehki kozji sir)
- 150 g temne čokolade
- 30 ml težke smetane

ZA ČOKOLADNO LUPINO:
- 200 g temne čokolade
- 10 g kakavovega masla v prahu (neobvezno)

NAVODILA:
PRIPRAVA CAJETA CHÈVRE GANACHE:
a) V ponvi na majhnem ognju rahlo segrevajte kajeto, dokler ne postane bolj gladka in z njo lažje delate.
b) V posodi za mešanje zmešajte sir cajeta in chèvre ter mešajte, dokler se dobro ne premešata.
c) V drugi kozici segrevajte smetano, da skoraj zavre. Odstavimo z ognja in dodamo temno čokolado. Mešajte, dokler se čokolada popolnoma ne stopi in zmes postane gladka.
d) Mešanico čokolade in smetane dodajte mešanici cajete chèvre. Mešajte, dokler ne dobite gladkega, kremastega ganacheja.

USTVARJANJE ČOKOLADNIH ŠKOLJIC:
e) Temperirajte temno čokolado za bonbone. Dodate lahko tudi kakavovo maslo v prahu, da izboljšate teksturo čokolade.
f) S pomočjo modelčka za bonbone vdolbinice napolnimo s temperirano čokolado in pazimo, da je celotna površina enakomerno obložena.
g) Z modelom nežno potrkajte po pultu, da odstranite vse zračne mehurčke in zagotovite, da čokolada prekrije robove kalupa.
h) Odlijte odvečno čokolado, pustite samo lupino.

SESTAVLJANJE BONBONOV:
i) Cajeta chèvre ganache vlijemo v čokoladne lupine in pustimo nekaj prostora za tesnjenje.
j) Bonbone zaprite s še temperirano čokolado.
k) Pustite, da se bonboni strdijo na sobni temperaturi, dokler se čokolada ne strdi.
l) Ko strdijo, bonbone previdno odstranite iz modela.

78. Mission Fig Cheesecake Bonbon recept

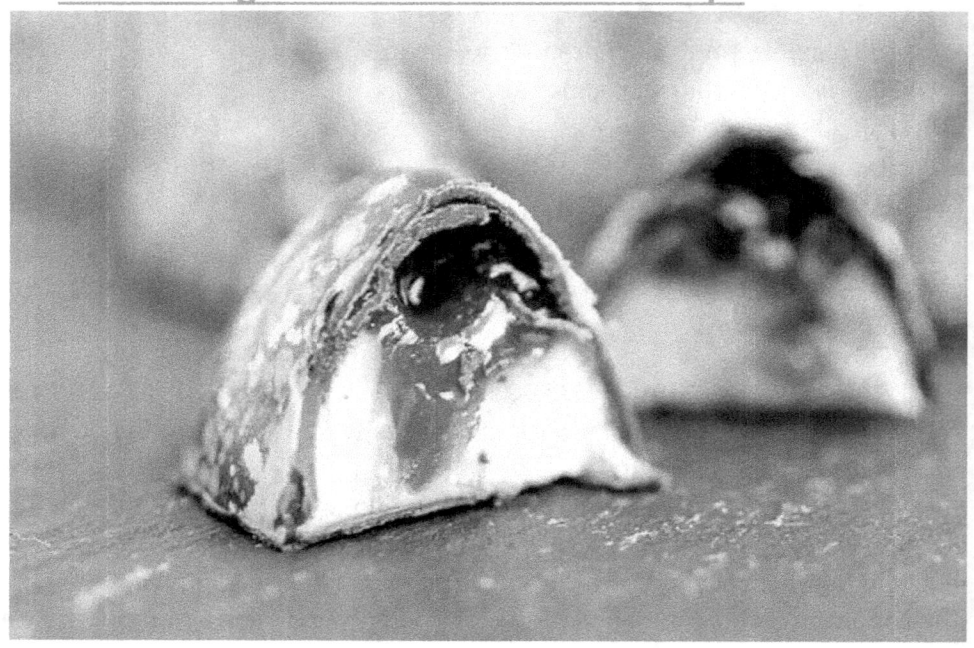

SESTAVINE:
ZA BONBONE:
- 1 1/2 skodelice zdrobljenih graham krekerjev
- 1/4 skodelice nesoljenega masla, stopljenega
- 1 skodelica kremnega sira, zmehčanega
- 1/4 skodelice sladkorja v prahu
- 1/4 skodelice figovih konzerv
- 1/2 čajne žličke vanilijevega ekstrakta
- Ščepec soli
- 1 skodelica suhih misijonskih fig, drobno sesekljanih
- 8 unč bele čokolade, za namakanje
- 1 žlica rastlinskega olja

ZA FIGOV KOMPOT:
- 1 skodelica posušenih misijonskih fig, sesekljanih
- 1/2 skodelice vode
- 1/4 skodelice sladkorja
- 1/2 čajne žličke limonine lupinice
- 1/2 čajne žličke limoninega soka

ZA GANACHE:
- 4 unče polsladke čokolade, sesekljane
- 1/2 skodelice težke smetane

NAVODILA:
PRIPRAVITE FIGOV KOMPOT:
a) V manjši kozici zmešajte sesekljane suhe fige, vodo, sladkor, limonino lupinico in limonin sok.
b) Mešanico zavrite na zmernem ognju, nato pa ogenj zmanjšajte na nizko in pustite vreti približno 10 minut oziroma dokler se fige ne zmehčajo in zmes ne zgosti.
c) Odstranite z ognja in pustite, da se ohladi. Morebitne dodatne količine kompota lahko shranite v hladilniku.

PRIPRAVITE NADEV ZA CHEESECAKE:
d) V srednje veliki posodi za mešanje zmešajte kremni sir, sladkor v prahu, figove konzerve, vanilijev ekstrakt in ščepec soli.
e) Mešajte, dokler niso vse sestavine dobro povezane in gladke.

SESTAVITE BONBONE:

f) V ločeni skledi za mešanje zmešajte zdrobljene graham krekerje in stopljeno maslo. Mešajte, dokler drobtine niso enakomerno prekrite z maslom.
g) Vzemite majhno količino mešanice graham krekerja in jo pritisnite na dno silikonskega modela ali običajnega pladnja za ledene kocke, tako da ustvarite plast skorjice.
h) Na skorjo graham krekerja v vsakem modelu z žlico nanesite majhno količino nadeva za sirovo torto.
i) Na nadev za sirovo torto dodamo žličko figovega kompota.
j) Po kompotu potresemo obilen ščepec drobno sesekljanih suhih misijonskih fig.
k) Vsak model prelijte z nadevom za sirne torte, tako da figov kompot v celoti prekrijete.
l) Modele zamrzujte vsaj 2 uri ali dokler niso trdni.

NAREDITE ČOKOLADNI GANACHE:
m) V skledi, primerni za mikrovalovno pečico, zmešajte narezano polsladko čokolado in smetano.
n) V mikrovalovni pečici v 30-sekundnih intervalih, vmes mešajte, dokler se čokolada popolnoma ne stopi in zmes postane gladka. Druga možnost je, da čokolado stopite na štedilniku z dvojnim kotlom.

SESTAVITE BONBONE:
o) Zamrznjene sirove bonbone odstranite iz modelov.
p) V posodi, primerni za mikrovalovno pečico, v 30-sekundnih intervalih stopite belo čokolado in rastlinsko olje, vmes mešajte, dokler ne postane gladko.
q) Vsako bombono pomočite v stopljeno belo čokolado in zagotovite, da je enakomerno prekrita. Pustite, da odvečna čokolada odteče.
r) Obložene bonbone položite na pekač, obložen s pergamentnim papirjem.
s) Čokoladni ganache pokapajte po bonbonih in pustite, da se strdi.
t) Postrezite in uživajte v bonbonih Mission Fig Cheesecake!

79.Bonboni iz jagodnega sira

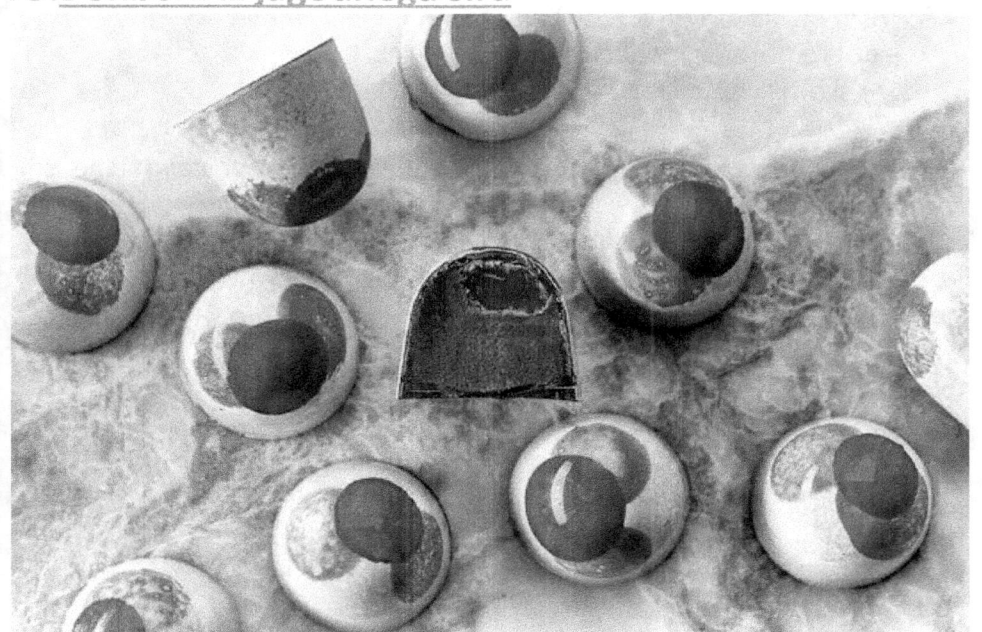

SESTAVINE:
ZA NADEV CHEESECAKE BERRY:
- 8 oz kremni sir, zmehčan
- 1/4 skodelice sladkorja v prahu
- 1/2 čajne žličke vanilijevega ekstrakta
- 1/2 skodelice mešanega jagodičevja (jagode, borovnice, maline itd.), drobno sesekljanega

ZA ZUNANJE ČOKOLADNE PREVLEKE:
- 8 oz kakovostne polsladke ali temne čokolade, sesekljane
- 1 žlica rastlinskega olja ali kokosovega olja (neobvezno, za bolj gladko prevleko)

NAVODILA:
NADEV ZA CHEESECAKE PRIPRAVITE:
a) V skledi za mešanje stepajte zmehčan kremni sir, dokler ni gladek in kremast.
b) Dodajte sladkor v prahu in vanilijev ekstrakt ter mešajte, dokler se dobro ne združita.
c) Nežno vmešajte drobno sesekljane mešane jagode, pri čemer pazite, da jih ne premešate preveč, da ohranite teksturo.
OBLIKUJTE NADEV:
d) Pekač ali pekač obložite s peki papirjem.
e) Z majhno žlico ali lopatico za melono zajemajte majhne porcije nadeva za sirno torto in jih oblikujte v majhne kroglice. Položite jih na pergamentni papir.
f) Pladenj postavimo v zamrzovalnik za približno 20-30 minut, da se nadev za sirno torto strdi.
PRIPRAVITE ČOKOLADNI OBLIV:
g) V posodi, primerni za mikrovalovno pečico, ali v parnem kotlu stopite narezano čokolado. Če uporabljate, dodajte rastlinsko olje, da ustvarite bolj gladek in tanjši čokoladni obliv.
OBLAŽI BONBONE:
h) Odstranite nadev za cheesecake iz zamrzovalnika.
i) Z vilicami ali zobotrebcem pomočite vsako kroglico cheesecakea v stopljeno čokolado, tako da je popolnoma obložena.
j) Pustite, da odvečna čokolada odteče, nato pa prevlečeni bonbon položite nazaj na pekač, obložen s pergamentnim papirjem.
OHLADITE IN POSTAVITE:
k) Pladenj z oblitimi bonboni postavimo v hladilnik in pustimo, da se ohlajajo približno 30 minut oziroma dokler se čokoladni obliv ne strdi.
l) Ko so bonboni popolnoma strjeni, jih lahko preložite na servirni krožnik ali shranite v nepredušni posodi v hladilniku.

80. Malinovi Cheesecake Bonboni

SESTAVINE:
- 1 skodelica kremnega sira, zmehčanega
- 1/2 skodelice drobtin graham krekerja
- 1/4 skodelice malinovega džema
- 1 skodelica belih čokoladnih koščkov
- 1 žlica kokosovega olja

NAVODILA:
a) V skledi zmešajte kremni sir, drobtine graham krekerja in malinovo marmelado do gladkega.
b) Iz zmesi oblikujte majhne kroglice in jih položite na obložen pekač.
c) V mikrovalovni pečici ali na dvojnem kotlu stopite koščke bele čokolade s kokosovim oljem.
d) Vsako kroglico sira pomočite v stopljeno belo čokolado in enakomerno premažite.
e) Obložene kroglice položimo nazaj na pekač in postavimo v hladilnik, da se čokolada strdi.
f) Postrezite ohlajeno in uživajte v okusu malinovega sira!

81. Citrus Cheesecake Bonbon

SESTAVINE:
ZA GEL PATE DE FRUIT IZ CITRUSOV:
- 1 skodelica soka citrusov (limone, limete, pomaranče ali mešanice)
- 1/4 skodelice granuliranega sladkorja
- 2 žlici pektina
- Lupina citrusov
- Rumena in oranžna jedilna barva (neobvezno)

ZA GANACHE KREMNI SIR:
- 8 oz kremni sir, zmehčan
- 1/2 skodelice bele čokolade, sesekljane
- 1/4 skodelice težke smetane
- 2 žlici nesoljenega masla
- 1 čajna žlička čistega vanilijevega ekstrakta

ZA CEVNO DNO ZA PIŠKOTE:
- 1/2 skodelice nesoljenega masla, zmehčanega
- 1/4 skodelice granuliranega sladkorja
- 1 skodelica večnamenske moke
- 1/4 čajne žličke soli
- 1/2 čajne žličke čistega vanilijevega ekstrakta

ZA ALTERNATIVO BREZ OREŠČKOV:
- Namesto piškotnega dna uporabite maslo iz sončničnih semen ali drug namaz brez oreščkov.

NAVODILA:
ZA GEL PATE DE FRUIT IZ CITRUSOV:
a) V ponvi zmešajte sok citrusov in sladkor. Segrevajte na srednje nizkem ognju in mešajte, dokler se sladkor ne raztopi.
b) V ločeni skledi zmešajte pektin z malo vode, da nastane kaša. To kašo dodajte mešanici citrusov in nenehno mešajte.
c) Mešanico zavrite, nato zmanjšajte ogenj in kuhajte 2-3 minute, dokler se ne zgosti.
d) Odstranite z ognja, vmešajte lupinico citrusov in po želji dodajte jedilno barvo.
e) Gel vlijemo v silikonski model ali obložen pladenj in pustimo, da se ohladi ter postavi v hladilnik za nekaj ur oziroma dokler se ne strdi.

ZA GANACHE KREMNI SIR:
f) Belo čokolado stopite v mikrovalovni pečici ali parnem kotlu in jo postavite na stran, da se nekoliko ohladi.

g) V skledi za mešanje stepite zmehčan kremni sir, da postane gladek in kremast.
h) V majhni kozici segrejte smetano in maslo, dokler ni vroče, vendar ne zavre. To prelijemo čez stopljeno belo čokolado in mešamo do gladkega.
i) Kremnemu siru dodajte mešanico bele čokolade in vanilijev ekstrakt ter mešajte, dokler se dobro ne združita. Odstavimo, da se ohladi.

ZA CEVNO DNO ZA PIŠKOTE:
j) V skledi za mešanje penasto stepite zmehčano maslo in sladkor, dokler ne postane svetlo in puhasto.
k) Dodamo vanilijev ekstrakt, moko in sol. Mešajte, dokler ne nastane testo.
l) Testo prestavimo v cevno vrečko z veliko okroglo konico.
m) Na dno modelčkov za bonbone vlijemo majhno količino testa.

SESTAVLJANJE:
n) Na piškotno dno v modelčkih nanesite majhno količino kremnega sirnega ganacheja.
o) Na ganache položite košček sadnega gela Citrus Pipeable Pate de Fruit Gel.
p) Čez gel nanesite še eno plast ganacheja s kremnim sirom in napolnite modelčke do vrha.
q) Pustite, da se bonboni strdijo v hladilniku nekaj ur ali dokler se ne strdijo.
r) Bonbone Citrus Cheesecake hranite v nepredušni posodi v hladilniku za podaljšan rok uporabnosti. Pravilno shranjevanje bo pomagalo ohraniti njihovo svežino in okus.

82. Češnjev Cheesecake bonbon

SESTAVINE:
ZA ČEŠNJEV CHEESECAKE NADEV:
- 8 oz kremni sir, zmehčan
- 1/4 skodelice sladkorja v prahu
- 1/2 čajne žličke vanilijevega ekstrakta
- 1/2 skodelice nadeva za češnjevo pito v pločevinkah

ZA ZUNANJE ČOKOLADNE PREVLEKE:
- 8 oz kakovostne bele ali temne čokolade, sesekljane
- 1 žlica rastlinskega olja ali kokosovega olja (neobvezno, za bolj gladko prevleko)

NAVODILA:
PRIPRAVITE ČEŠNJEV NADEV CHEESECAKE:
a) V skledi za mešanje stepajte zmehčan kremni sir, dokler ni gladek in kremast.
b) Dodajte sladkor v prahu in vanilijev ekstrakt ter mešajte, dokler se dobro ne združita.
c) Nežno vmešajte nadev za češnjevo pito iz pločevinke, pri čemer pazite, da ne premešate preveč, da ohranite teksturo.
OBLIKUJTE NADEV:
d) Pekač ali pekač obložite s peki papirjem.
e) Z žličko ali lopatico za melono zajemajte majhne porcije nadeva iz češnjevega sira in jih oblikujte v majhne kroglice. Položite jih na pergamentni papir.
f) 3. Zamrznite nadev:
g) Pladenj postavimo v zamrzovalnik za približno 20-30 minut, da se nadev za sirno torto strdi.
PRIPRAVITE ČOKOLADNI OBLIV:
h) V posodi, primerni za mikrovalovno pečico, ali v parnem kotlu stopite narezano čokolado. Če uporabljate, dodajte rastlinsko olje, da ustvarite bolj gladek in tanjši čokoladni obliv.
i) Odstranite nadev za cheesecake iz zamrzovalnika.
j) Vsako kroglico češnjevega sira z vilicami ali zobotrebcem pomočite v stopljeno čokolado, tako da je popolnoma obložena.
k) Pustite, da odvečna čokolada odteče, nato pa prevlečeni bonbon položite nazaj na pekač, obložen s pergamentnim papirjem.
OHLADITE IN POSTAVITE:
l) Pladenj z oblitimi bonboni postavimo v hladilnik in pustimo, da se ohlajajo približno 30 minut oziroma dokler se čokoladni obliv ne strdi.
m) Ko so bonboni popolnoma strjeni, jih lahko preložite na servirni krožnik ali shranite v nepredušni posodi v hladilniku.

83. Jagodni Cheesecake bonbon

SESTAVINE:
ZA JAGODBENI NADEV CHEESECAKE:
- 8 oz kremni sir, zmehčan
- 1/4 skodelice sladkorja v prahu
- 1/2 čajne žličke vanilijevega ekstrakta
- 1/2 skodelice svežih jagod, drobno narezanih

ZA ZUNANJE ČOKOLADNE PREVLEKE:
- 8 oz kakovostne bele ali temne čokolade, sesekljane
- 1 žlica rastlinskega olja ali kokosovega olja (neobvezno, za bolj gladko prevleko)

NAVODILA:
PRIPRAVA JAGODNOG CHEESECAKE NADEVA:
a) V skledi za mešanje stepajte zmehčan kremni sir, dokler ni gladek in kremast.
b) Dodajte sladkor v prahu in vanilijev ekstrakt ter mešajte, dokler se dobro ne združita.
c) Nežno vmešajte drobno sesekljane sveže jagode in pazite, da jih ne premešate preveč, da ohranite teksturo.
OBLIKUJTE NADEV:
d) Pekač ali pekač obložite s peki papirjem.
e) Z majhno žlico ali lopatico za melono zajemajte majhne porcije nadeva iz jagodnega sira in jih oblikujte v majhne kroglice. Položite jih na pergamentni papir.
f) Pladenj postavimo v zamrzovalnik za približno 20-30 minut, da se nadev za sirno torto strdi.
PRIPRAVITE ČOKOLADNI OBLIV:
g) V posodi, primerni za mikrovalovno pečico, ali v parnem kotlu stopite narezano čokolado. Če uporabljate, dodajte rastlinsko olje, da ustvarite bolj gladek in tanjši čokoladni obliv.
h) Odstranite nadev za cheesecake iz zamrzovalnika.
i) Vsako kroglico jagodnega sira z vilicami ali zobotrebcem pomočite v stopljeno čokolado, tako da je popolnoma obložena.
j) Pustite, da odvečna čokolada odteče, nato pa prevlečeni bonbon položite nazaj na pekač, obložen s pergamentnim papirjem.
OHLADITE IN POSTAVITE:
k) Pladenj z oblitimi bonboni postavimo v hladilnik in pustimo, da se ohlajajo približno 30 minut oziroma dokler se čokoladni obliv ne strdi.
l) Ko so bonboni popolnoma strjeni, jih lahko preložite na servirni krožnik ali shranite v nepredušni posodi v hladilniku.

84. Limonino borovničev Cheesecake bonboni

SESTAVINE:
- 1 skodelica kremnega sira, zmehčanega
- 1/4 skodelice sladkorja v prahu
- Lupina 1 limone
- 1/2 skodelice borovnic, svežih ali zamrznjenih
- 1 skodelica belih čokoladnih koščkov
- 1 žlica kokosovega olja

NAVODILA:
a) V skledi zmešajte kremni sir, sladkor v prahu in limonino lupinico do gladkega.
b) Nežno vmešajte borovnice.
c) Iz zmesi oblikujte majhne kroglice in jih položite na obložen pekač.
d) V mikrovalovni pečici ali na dvojnem kotlu stopite koščke bele čokolade s kokosovim oljem.
e) Vsako kroglico sira pomočite v stopljeno belo čokolado in enakomerno premažite.
f) Obložene kroglice položimo nazaj na pekač in postavimo v hladilnik, da se čokolada strdi.

BONBONI, NAVDIHNJENI Z DESERTI

85.Božični bonboni

SESTAVINE:
ZA RUSKE ČAJNE PECIVE:
- 1 recept Ruske čajne torte, pečene in popolnoma ohlajene, vendar ne povaljane v sladkorju

ZA glazuro:
- 4 skodelice slaščičarskega sladkorja
- 1/3 skodelice vročega mleka
- 3 žlice nesoljenega masla, zmehčanega
- 1 žlica lahkega koruznega sirupa
- 1 čajna žlička vanilijevega ekstrakta
- 1 čajna žlička rastlinskega olja
- 1/4 čajne žličke soli
- Rdeča in zelena jedilna barva
- 4 unče bele polsladke čokolade, stopljene (neobvezno)

NAVODILA:
ZA RUSKE ČAJNE PECIVE (PIŠKOTE):
a) Pripravite serijo ruskega čajnega peciva po receptu, ki ga imate. Piškote spečemo in pustimo, da se popolnoma ohladijo, vendar jih ne povaljamo v sladkorju. Dati na stran.
b) Za glazuro:
c) V srednje veliko skledo dajte slaščičarski sladkor. Postopoma vmešajte vroče mleko, dokler ne dobite gladke glazure.
d) Dodajte zmehčano nesoljeno maslo in mešajte, dokler se dobro ne premeša.
e) Mešajte lahki koruzni sirup, vanilijev ekstrakt, rastlinsko olje in ščepec soli, dokler zmes ni gladka.
f) Glazuro razdelite na pol. Eno polovico obarvajte z rdečo jedilno barvo, drugo polovico pa z zeleno jedilno barvo in ustvarite praznične božične barve.
SESTAVLJANJE BOŽIČNIH BONBONOV:
g) Vzemite vsako ohlajeno rusko čajno torto in jo eno za drugo popolnoma pomočite v barvno glazuro. Pustite, da odvečna glazura odteče, in obložene piškote položite na rešetko, postavljeno na časopis, da se posušijo. To bo pomagalo ujeti morebitne kapljice in olajšati čiščenje.
h) Ko je prvi sloj glazure suh, ponovite postopek namakanja, da zagotovite debelejšo in bolj enakomerno plast glazure.
i) Ko se drugi nanos posuši, lahko postanete ustvarjalni tako, da preostalo glazuro pokapate po bonbonih v privlačnem dizajnu. Lahko pa se odločite za pokapljanje stopljene bele polsladke čokolade za dodaten okras.
j) Pustite, da se bonboni strdijo in glazura strdi, preden postrežete ali podarite te čudovite božične dobrote.

86.Marshmallow bonboni

SESTAVINE:
- 1 skodelica mlečne čokolade, drobno sesekljane
- ½ skodelice težke smetane
- 1 skodelica marshmallows, mini ali običajne velikosti, narezana na majhne koščke
- ¼ skodelice nesladkanega kakava v prahu (za valjanje)

NAVODILA:
a) Mlečno čokolado dajte v toplotno odporno skledo.
b) V majhni kozici na zmernem ognju segrevajte smetano, dokler ne začne vreti. Odstranite z ognja.
c) Vročo smetano prelijemo čez narezano mlečno čokolado in pustimo stati minuto.
d) Zmes mešamo, dokler se čokolada popolnoma ne stopi in postane gladka.
e) Dodajte koščke marshmallowa v čokoladno mešanico in mešajte, dokler niso popolnoma vključeni.
f) Skledo pokrijemo s plastično folijo in postavimo v hladilnik za približno 2 uri oziroma dokler zmes ni čvrsta.
g) Z žličkami zajemamo ohlajeno zmes in zvaljamo majhne kroglice.
h) Bonbone povaljajte v nesladkanem kakavu v prahu, da so enakomerno prekriti.
i) Bonbone postavite v nepredušno posodo in ohladite, dokler jih ne postrežete.

87. Slane karamelne preste bonboni

SESTAVINE:
- 8 unč temne čokolade, drobno sesekljane
- ½ skodelice težke smetane
- 2 žlici nesoljenega masla, pri sobni temperaturi
- ¼ skodelice soljene karamelne omake
- Zdrobljene preste, za oblaganje

NAVODILA:

a) Narezano temno čokolado dajte v toplotno odporno skledo.

b) V majhni kozici na srednjem ognju segrevajte smetano, dokler ne začne vreti. Odstranite z ognja.

c) Vročo smetano prelijemo čez narezano čokolado in pustimo stati 1-2 minuti.

d) Zmes nežno mešajte, dokler se čokolada popolnoma ne stopi in postane gladka.

e) Dodamo maslo in soljeno karamelno omako. Mešajte, dokler ni popolnoma vključena.

f) Skledo pokrijte s plastično folijo in postavite v hladilnik za vsaj 2 uri ali dokler se ne strdi.

g) S čajno žličko ali majhno zajemalko razdelite ganache in ga razvaljajte v kroglice.

h) Bonbone povaljajte v zdrobljenih presteh za premaz.

i) Bonbone do uživanja shranite v hladilniku.

88.Sladoledne bonbone

SESTAVINE:
- 1 liter vašega najljubšega sladoleda
- 2 skodelici sesekljanih pekanov ali drugih oreščkov
- 12 unč polsladkih koščkov čokolade
- 1/2 skodelice margarine
- 1 žlica instant kave v prahu

NAVODILA:
a) Uporabite veliko zajemalko za kroglice melone ali žlico, da naredite sladoledne kroglice iz litra sladoleda. Vsako sladoledno kroglico takoj povaljajte v sesekljanih oreščkih in poskrbite, da bodo dobro obložene. Sladoledne kroglice, obložene z orehi, položimo na pekač ali pladenj in postavimo v zamrzovalnik do popolne zamrznitve, kar naj traja vsaj 1 uro.
b) V parnem kotlu nad vročo vodo stopite koščke polsladke čokolade in margarino. Če nimate dvojnega kotla, lahko uporabite toplotno odporno posodo, ki jo postavite nad lonec z vrelo vodo.
c) Instant kavo v prahu vmešajte v mešanico stopljene čokolade in margarine, da se dobro poveže.
d) Odstranite mešanico čokolade in kave z vira toplote, vendar naj bo topla nad vročo vodno kopeljo.
e) Čim hitreje z vilicami pomočite zamrznjene sladoledne kroglice v toplo mešanico čokolade in kave, tako da so enakomerno prekrite.
f) Potopite komplete po 10 do 12 bonbonov naenkrat, nato pa jih vrnite v zamrzovalnik, da se strdijo. Čokoladni obliv naj se strdi v nekaj minutah.
g) Ko je čokolada popolnoma strjena in so bonboni čvrsti, jih razporedite v papirnate skodelice, po 3 ali 4 bonbone na porcijo.
h) Papirnate skodelice pokrijte ali zavijte s folijo ali plastično folijo in bonbone shranite v zamrzovalnik, dokler jih ne boste pripravljeni postreči.

89. Sladoledni sladoledni bonboni s slano karamelo

SESTAVINE:
- 2 skodelici zmehčanega vrtinčnega sladoleda s slano karamelo
- 1/2 skodelice karamelne omake
- 1 skodelica koščkov mlečne čokolade
- 1 žlica rastlinskega olja
- Morska sol za posipanje

NAVODILA:
a) V skledi zavrtite karamelno omako v zmehčan soljen karamelni sladoled, dokler se dobro ne premeša.
b) Iz zmesi oblikujte majhne kroglice in jih položite na obložen pekač.
c) Zamrznite kroglice približno 1 uro.
d) Koščke mlečne čokolade stopite z rastlinskim oljem v mikrovalovni pečici ali na dvojnem kotlu.
e) Vsako kroglico zamrznjene soljene karamele pomočite v stopljeno čokolado in jo enakomerno premažite.
f) Vsako obloženo kroglico potresemo s ščepcem morske soli.
g) Obložene kroglice položimo nazaj na pekač in zamrznemo, dokler se čokolada ne strdi.

90. Bonboni z vanilijevim sladoledom

SESTAVINE:
- 2 skodelici vaniljevega sladoleda, rahlo zmehčanega
- 1 skodelica čokoladnih koščkov (temna, mlečna ali bela čokolada)
- 1 žlica kokosovega olja ali rastlinskega olja
- Izbirni dodatki: sesekljani oreščki, posipi, nastrgan kokos itd.

NAVODILA:
a) Zajemajte majhne porcije rahlo zmehčanega vanilijevega sladoleda in jih oblikujte v majhne kroglice. Kroglice položite na pekač, obložen s pergamentnim papirjem, in jih zamrznite za vsaj 1-2 uri, dokler niso čvrste.
b) Preden nadaljujete z oblaganjem, v sredino vsake kroglice sladoleda zapičite zobotrebce ali majhna nabodala. Tako jih bomo lažje pomakali v čokolado.
c) V skledi, ki je primerna za mikrovalovno pečico, ali v dvojnem kotlu stopite čokoladne koščke in kokosovo olje, dokler ne postane gladko. Dobro premešajte, da se poveže.
d) Vsako zamrznjeno sladoledno kroglico pomočite v stopljeno čokolado in se prepričajte, da je v celoti prekrita. Pustite, da odvečna čokolada odteče.
e) Če želite, s čokolado oblito sladoledno kroglico povaljajte v sesekljanih oreščkih, posipih, nastrganem kokosu ali katerem koli drugem prelivu po vaši izbiri.
f) Obložene sladoledne kroglice položimo nazaj na pladenj in jih vrnemo v zamrzovalnik. Pustite jih zamrzniti še 1-2 uri ali dokler se čokolada popolnoma ne strdi.
g) Ko so bonboni popolnoma zamrznjeni in je čokolada strjena, odstranite zobotrebce ali nabodala in takoj postrezite.

91. Korenčkova torta Bonboni

SESTAVINE:
- 3 skodelice ostankov korenčkove torte
- 4 žlice tekočega sira
- ½ porcije mlečnih drobtin, fino mletih v kuhinjskem robotu
- 3 unče bele čokolade, stopljene

NAVODILA:
a) Zmešajte ostanke korenčkove torte in 25 g (2 žlici) tekoče sirove torte v skledi stoječega mešalnika, opremljenega z nastavkom za lopatice, in mešajte, dokler niso dovolj vlažni, da jih lahko zgnetete v kroglo. Če ni dovolj vlažen, dodajte še do 25 g (2 žlici) tekočega sirovega kolača in ga pregnetite.

b) Z jušno žlico razdelite 12 enakomernih kroglic, od katerih je vsaka polovica velikosti žogice za ping-pong. Vsakega posebej povaljajte med dlanmi, da oblikujete in zgladite okroglo kroglo.

c) Mlete mlečne drobtine dajte v srednje veliko skledo. Z rokavicami iz lateksa dajte 2 žlici bele čokolade na dlani in vsako kroglico povaljajte med dlanmi ter jo premažite s tanko plastjo stopljene čokolade; po potrebi dodajte še čokolado.

d) V skledo z mlečnimi drobtinami dajte po 3 ali 4 s čokolado oblite kroglice. Takoj jih pretresite z drobtinami za oblaganje, preden se čokoladna lupina strdi in ne deluje več kot lepilo (če se to zgodi, premažite kroglico še s tanko plastjo stopljene čokolade).

e) Hladite vsaj 5 minut, da se čokoladne lupine popolnoma strdijo, preden jih pojeste ali shranite. V nepredušni posodi bodo bonboni zdržali do 1 teden v hladilniku.

92.Piškoti in kremni sladoledni bonboni

SESTAVINE:
- 2 skodelici piškotov in smetanovega sladoleda, zmehčanega
- 1 skodelica čokoladnih sendvič piškotov, zdrobljenih
- 1 skodelica temnih čokoladnih koščkov
- 1 žlica kokosovega olja

NAVODILA:
a) V skledi zmešajte zmehčane piškote in kremni sladoled z zdrobljenimi čokoladnimi sendvič piškoti, dokler se dobro ne povežejo.
b) Iz zmesi oblikujte majhne kroglice in jih položite na obložen pekač.
c) Zamrznite kroglice približno 1 uro.
d) V mikrovalovni pečici ali na dvojnem kotlu stopite koščke temne čokolade s kokosovim oljem.
e) Vsako zamrznjeno piškotko in kremno kroglico pomočite v stopljeno temno čokolado in enakomerno premažite.
f) Obložene kroglice položimo nazaj na pekač in zamrznemo, dokler se čokolada ne strdi.

93.S'mores Bonboni

SESTAVINE:
- 1 skodelica drobtin graham krekerja
- 1/2 skodelice marshmallow puhov
- 1/2 skodelice mlečne čokolade
- 1 skodelica temnih čokoladnih koščkov
- 1 žlica rastlinskega olja

NAVODILA:

a) V skledi zmešajte drobtine graham krekerja in marshmallow puh, dokler se dobro ne povežeta.

b) Iz zmesi oblikujte majhne kroglice in jih položite na obložen pekač.

c) Koščke mlečne čokolade stopite z rastlinskim oljem v mikrovalovni pečici ali na dvojnem kotlu.

d) Vsako s'mores kroglico pomočite v stopljeno mlečno čokolado in enakomerno premažite.

e) Obložene kroglice položimo nazaj na pekač in postavimo v hladilnik, da se čokolada strdi.

f) V ločeni skledi stopite temne koščke čokolade z rastlinskim oljem.

g) Temno čokolado pokapljamo po nastalem oblivu mlečne čokolade.

h) Pustite, da se bonboni popolnoma strdijo, preden jih postrežete.

94.Bonboni za torto Red Velvet

SESTAVINE:
- 2 skodelici rdečih žametnih drobtin (iz pečene rdeče žametne torte)
- 1/2 skodelice kremnega sira
- 1 skodelica belih čokoladnih koščkov
- 1 žlica rastlinskega olja
- Rdeča jedilna barva (neobvezno)

NAVODILA:
a) V skledi zmešajte rdeče žametne tortne drobtine in glazuro iz kremnega sira, dokler se dobro ne povežeta.
b) Iz zmesi oblikujte majhne kroglice in jih položite na obložen pekač.
c) Zamrznite kroglice za približno 30 minut.
d) Koščke bele čokolade stopite z rastlinskim oljem v mikrovalovni pečici ali na dvojnem kotlu.
e) Stopljeni beli čokoladi dodajte rdečo jedilno barvo, če želite bolj globoko rdečo barvo.
f) Vsako zamrznjeno rdečo žametno tortno kroglico pomočite v stopljeno belo čokolado in jo enakomerno premažite.
g) Obložene kroglice položimo nazaj na pekač in postavimo v hladilnik, da se čokolada strdi.

95.Bonboni za čokoladno espresso torto

SESTAVINE:
- 2 skodelici čokoladnih drobtin (iz pečene čokoladne torte)
- 1/2 skodelice čokoladnega ganacheja
- 1 skodelica temnih čokoladnih koščkov
- 1 žlica rastlinskega olja
- Instant espresso v prahu (za posip)

NAVODILA:
a) V skledi zmešajte čokoladne tortne drobtine in čokoladni ganache, da se dobro povežeta.
b) Iz zmesi oblikujte majhne kroglice in jih položite na obložen pekač.
c) Zamrznite kroglice za približno 30 minut.
d) Koščke temne čokolade stopite z rastlinskim oljem v mikrovalovni pečici ali na dvojnem kotlu.
e) Vsako zamrznjeno kroglico čokoladne espresso torte pomočite v stopljeno temno čokolado in jo enakomerno premažite.
f) Vrh vsake prevlečene kroglice potresite s praškom za instant espresso.
g) Obložene kroglice položimo nazaj na pekač in postavimo v hladilnik, da se čokolada strdi.

96.Bonboni za torto z limoninim makom

SESTAVINE:
- 2 skodelici drobtin za torto z limoninim makom (iz pečene torte z limoninim makom)
- 1/2 skodelice limonine glazure
- 1 skodelica belih čokoladnih koščkov
- 1 žlica rastlinskega olja
- Limonina lupina (za okras)

NAVODILA:
a) V skledi zmešajte drobtine torte z limoninim makom in limonino glazuro, da se dobro povežeta.
b) Iz zmesi oblikujte majhne kroglice in jih položite na obložen pekač.
c) Zamrznite kroglice za približno 30 minut.
d) Koščke bele čokolade stopite z rastlinskim oljem v mikrovalovni pečici ali na dvojnem kotlu.
e) Vsako zamrznjeno kroglico z limoninim makom pomočite v stopljeno belo čokolado in jo enakomerno premažite.
f) Vrh vsake obložene kroglice okrasite z limonino lupinico.
g) Obložene kroglice položimo nazaj na pekač in postavimo v hladilnik, da se čokolada strdi.

97. Bonboni iz jabolčne pite

SESTAVINE:
- 2 skodelici nadeva za jabolčno pito, drobno sesekljan
- 1/2 skodelice drobtin graham krekerja
- 1 skodelica belih čokoladnih koščkov
- 1 žlica rastlinskega olja
- Cimetov sladkor (za posip)
- Zelena jedilna barva

NAVODILA:
a) V skledi zmešajte sesekljan nadev iz jabolčne pite in drobtine graham krekerja, dokler se dobro ne povežeta.
b) Iz zmesi oblikujte majhne kroglice in jih položite na obložen pekač.
c) Zamrznite kroglice za približno 30 minut.
d) Koščke bele čokolade z rastlinskim oljem in zeleno jedilno barvo stopite v mikrovalovni pečici ali na dvojnem kotlu.
e) Vsako kroglico zamrznjene jabolčne pite pomočite v stopljeno belo čokolado in jo enakomerno premažite.
f) Vrh vsake obložene kroglice potresemo s cimetovim sladkorjem.
g) Obložene kroglice položimo nazaj na pekač in postavimo v hladilnik, da se čokolada strdi.

98.Ključni bonboni z limetino pito

SESTAVINE:
- 2 skodelici nadeva za limetino pito, drobno sesekljanega
- 1/2 skodelice drobtin graham krekerja
- 1 skodelica belih čokoladnih koščkov
- 1 žlica rastlinskega olja
- Limetina lupina (za okras)

NAVODILA:
a) V skledi zmešajte sesekljan nadev za limetino pito in drobtine graham krekerja, dokler se dobro ne združita.
b) Iz zmesi oblikujte majhne kroglice in jih položite na obložen pekač.
c) Zamrznite kroglice za približno 30 minut.
d) Koščke bele čokolade stopite z rastlinskim oljem v mikrovalovni pečici ali na dvojnem kotlu.
e) Vsako zamrznjeno kroglico ključne limetine pite pomočite v stopljeno belo čokolado in jo enakomerno prekrijte.
f) Vrh vsake obložene kroglice okrasite z limetino lupinico.
g) Obložene kroglice položimo nazaj na pekač in postavimo v hladilnik, da se čokolada strdi.

99.Bonboni iz čokoladnega testa za piškote

SESTAVINE:
- 2 skodelici testa za čokoladne piškote (domače ali kupljeno)
- 1 skodelica koščkov mlečne čokolade
- 1 žlica rastlinskega olja

NAVODILA:
a) Testo za čokoladne piškote oblikujte v majhne kroglice in jih položite na obložen pekač.
b) Zamrznite kroglice približno 1 uro.
c) Koščke mlečne čokolade stopite z rastlinskim oljem v mikrovalovni pečici ali na dvojnem kotlu.
d) Vsako zamrznjeno kroglico testa za piškote pomočite v stopljeno čokolado in enakomerno premažite.
e) Obložene kroglice položimo nazaj na pekač in postavimo v hladilnik, da se čokolada strdi.

100.Oreo in bonboni s sirom

SESTAVINE:
- 2 skodelici Oreo piškotov, zdrobljenih
- 1 skodelica kremnega sira, zmehčanega
- 1 skodelica belih čokoladnih koščkov
- 1 žlica kokosovega olja

NAVODILA:
a) V skledi zmešajte zdrobljene piškote Oreo in zmehčan kremni sir, da se dobro povežeta.
b) Iz zmesi oblikujte majhne kroglice in jih položite na obložen pekač.
c) Zamrznite kroglice približno 1 uro.
d) V mikrovalovni pečici ali na dvojnem kotlu stopite koščke bele čokolade s kokosovim oljem.
e) Vsako zamrznjeno kroglico Oreo tartufa pomočite v stopljeno belo čokolado in jo enakomerno premažite.
f) Obložene kroglice položimo nazaj na pekač in postavimo v hladilnik, da se čokolada strdi.

ZAKLJUČEK

Ko pridemo do zadnjega poglavja «dekadentna umetnost izdelave sladkarij», se iz srca zahvaljujemo, da ste se nam pridružili na tem muhastem potovanju v svet užitkov v velikosti grižljajev. Upamo, da nam je bil vsak recept vir veselja, navdiha, predvsem pa opomin, da je življenje nekoliko slajše, ko ga krasi čarobnost bonbonov.

Umetnost izdelovanja bonbonov presega kuhinjo; je praznovanje majhnih življenjskih užitkov in trenutkov, ki postanejo spomini. Medtem ko uživate v zadnjih ostankih teh razvajajočih kreacij, vas spodbujamo, da prenesete duh "dekadentna umetnost izdelave sladkarij" v svoje vsakdanje življenje.

Naj čarobnost teh slaščic ostane v vaših čutih in naj bodo spomini, ustvarjeni ob teh sladkih dobrotah, tako brezčasni kot umetnost, ki je vložena v njihovo izdelavo. Hvala, ker smo lahko bili del vaše kulinarične avanture in naj bodo vaši dnevi še naprej posuti s čarom, ki ga lahko prinese le dekadentna umetnost bonbonov.

Dokler se spet ne srečamo v svetu sladkega razvajanja, veselega izdelovanja bonbonov!

www.ingramcontent.com/pod-product-compliance
Lightning Source LLC
Chambersburg PA
CBHW071317110526
44591CB00010B/928